Vive la 5e !

Ségolène Valente

Du même auteur, dans la même collection :

Vive le CE2 !

Pyjama party

Les secrets de la récré

Vive le CM2 !

Mon (super) anniversaire

La classe de neige (et de copines)

Les (vraies) reines de la fête

Vive la 6e !

Ma première boum

Rendez-vous à la patinoire

Avertissement de conduite

Un cœur en vacances

Vive la 5e !

Le voyage en Angleterre

Un jeudi à la mer

Vive la 5e !

Ségolène Valente

La fête de fin d'année

RAGEOT

Cet ouvrage a été imprimé sur un papier
issu de forêts gérées durablement,
de sources contrôlées.

Couverture et illustrations : Isabelle Maroger.

ISBN 978-2-7002-5535-5
ISSN 1951-5758

Une petite beauté

On entamait notre cinquième tour de cour quand soudain ma copine Malika s'est arrêtée. Elle a détaché tranquillement sa pince à cheveux et elle a soupiré :

– Attends dix secondes, je me refais une petite beauté.

– Maintenant ?

Qu'est-ce qu'elle s'imaginait ? Qu'une dizaine de paparazzi se bousculaient aux grilles du collège pour la photographier ? Déjà du rose à lèvres et un débardeur à dentelles, ce n'était pas indispensable pour quarante minutes d'endurance.

J'ai jeté un coup d'œil vers le prof de gym. Il était capable de nous faire recommencer à zéro pour une petite pause de rien du tout. La pince coincée entre les dents, Malika a lancé :

– Pas de chouchis, il ch'occupe pas de nous.

En effet, le prof avait les yeux rivés sur son nouveau chronomètre multifonctions.

Malika a enroulé soigneusement ses cheveux au sommet de sa tête, elle a frotté ses lèvres l'une contre l'autre pour étaler le rose qui lui restait sur la bouche et elle a soufflé :

– Pause pipi ?

J'étais certaine qu'elle n'avait pas plus envie de faire pipi que moi. Je me suis exclamée :

– Allez, courage ! On est presque à la moitié !

– On n'est qu'à la moitié, nuance, m'a-t-elle interrompue en fixant la pince sur son crâne.

– C'est ce que je viens de te dire, il ne reste plus que la moitié à courir…

– Non, il reste ENCORE la moitié.

Malika a toujours le dernier mot. Je n'ai pas insisté.

Elle a libéré quelques mèches de cheveux près de ses tempes.

– Ça y est ? ai-je demandé.

– Ça y est pas.

– Ça y sera quand ?

Elle a rigolé en secouant ses mèches :

– Quand les chronos auront des dents !

Puis elle a défait une tennis pour enlever un caillou invisible et elle a replié le bas de son jogging en expliquant :

– J'ai les mollets qui gonflent. Pas les chevilles, hein ! Les mollets !

J'ai essayé de rester zen, l'œil rivé sur le prof de gym accroché à son chrono.

Enfin, Malika a accepté de redémarrer. Quarante minutes d'endurance, ça se joue dans la tête, pas dans les mollets. Il suffit de laisser son esprit délirer sur les événements de sa vie. Par exemple, le spectacle de fin d'année, l'arrivée des correspondants allemands. La scène du *Médecin malgré lui* qu'on a prévue de jouer avec Malika et qui sera un vrai succès. Rémy époustouflé par mes performances d'actrice...

Alors on oublie tout : les pieds qui chauffent, les mollets qui tombent en ruine, les cuisses qui réclament à chaque banc de s'asseoir, le cœur à toute vapeur prêt à déborder de la cage thoracique en ébullition et les questions de mademoiselle Malika sur son look de face, de dos et de profil.

– Sport et beauté, c'est possible ! clame-t-elle sans arrêt.

Moi je ne trouve pas que ce soit très glamour de courir dans la cour du collège un mardi de juin sous un soleil qui vous suit comme un projecteur de cinéma. Mais le pire, c'est de passer devant la salle 8 des quatrièmes qui ne perdent pas une miette du spectacle. Parce que, parmi les quatrièmes de la salle 8 le mardi à dix heures, il y a Rémy. Le beau Rémy… Celui qu'on n'a pas du tout envie de rencontrer en survêt-sueur un mardi à dix heures.

Cooool Camouille

Charlotte nous a doublées, la foulée à ras le bitume, en bredouillant. On aurait dit qu'elle téléphonait d'un portable sous un tunnel :

– Trop dur, rhhhaaa, peux plus, vais craquer, mes jambes, compote, chauuuud…

– Pareil, a approuvé Malika façon SMS. J'irais bien boire un coup aux toilettes avant de me transformer en banane séchée !

– Moi aussi, manger, banane, a répliqué Charlotte toujours prête à faire une pause grignotage malgré ses bonnes résolutions.

On arrivait au niveau de la salle 8, celle des quatrièmes, celle de Rémy. Mon cœur s'est accéléré. Moi aussi tout à coup, j'ai ressenti le besoin de faire une pause quelque chose, pipi, banane ou n'importe quoi.

– Cooool Camouille, a dit Malika. Il ne te regarde pas.

– Tu crois ?

J'ai ralenti. Rémy semblait concentré sur son classeur. Il nous avait envoyé un clin d'œil lors de notre premier passage, quand j'avais encore un visage à peu près humain et, depuis, il n'avait pas relevé la tête.

– Il pourrait quand même nous encourager ! s'est-elle exclamée. Vous êtes fâchés ?

– Non, non.

– Tout va bien entre vous, rassure-moi Camille.

– Super.

Malika ne pouvait pas comprendre. Pour elle l'amour c'est pot de colle et rouleau de scotch du matin au soir. Son petit Antoine, elle ne le quitte pas d'une semelle depuis le retour d'Angleterre. Rémy et moi, c'est tout le contraire. Dès notre retour, on s'est mis d'accord sur le fait que notre relation devait rester discrète. On sort ensemble, c'est notre vie privée. Pas la peine de s'afficher enlacés en couverture du journal du collège.

Mais depuis notre accord, c'était comme si on ne sortait plus ensemble. On ne se proposait pas de rendez-vous à l'extérieur. Notre relation se limitait à un clin d'œil par-ci, un effleurement de la main par-là. Le jour où on s'est retrouvés en tête-à-tête dans un manège était une exception. Et je préfère ne pas en parler tellement j'ai été ridicule.

– Sinon tu as le choix, a suggéré Malika. Cent cinquante garçons de la sixième à la troisième prendraient bien sa place.

Moi je ne voyais que lui au milieu des cent cinquante garçons de ce collège, lui... Rémy.

Si Rémy avait le nez dans son classeur, Farid et Nono ne rataient aucune de nos apparitions. Ils nous guettaient pour brandir à la fenêtre des messages d'encouragement. Cette fois, ils ont agité une feuille « Allez les rouges ! ». Je me suis sentie personnellement visée.

– Nos supporters feraient mieux de se calmer, a marmonné Malika.

J'ai mis mes mains sur mes joues brûlantes. Puis j'ai repris la course avant que Rémy ne lève la tête de son classeur et se rende compte à quel point sa petite copine peut se métamorphoser en tomate cerise dès qu'elle fait un effort.

Malika a retrouvé du tonus. Les paparazzi avaient peut-être réussi à escalader la grille du collège pour la photographier de plus près !

On est passées devant Ribéry avec un sourire genre coureuses professionnelles. Ribéry, c'est le surnom de notre prof de sport parce qu'il a une cicatrice sur la joue comme le joueur de foot. Mais on ignore s'il a déjà réussi une tête de sa vie.

– M'sieur, on peut faire une pause ? a demandé Malika. On n'en peut plus.

– Déjà fatiguées, les vedettes ?

– C'est bientôt la fin de l'année, pitié !

Il a fait rebondir son chrono dans sa main.

– Tant que vous ne tombez pas dans le coma, vous courez, a-t-il déclaré. Hop, hop, hop !

Malika a tout de suite arrêté de sourire et on a continué à transpirer. Le prof n'aurait pas dû parler de coma. C'est si vite simulé...

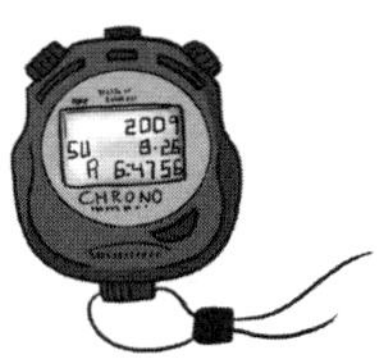

Qu'est-ce que je disais ? Nous étions à peine arrivées à l'autre bout de la cour que Malika s'est mise à tousser, à hoqueter, à crachouiller.

– On a toujours une baisse d'énergie à la moitié du parcours, ai-je lancé.

Elle a expliqué en haletant, pour préparer sa scène de coma artificiel :

– Mon cœur est fragile. Il bat plus vite que la moyenne. L'endurance, c'est pas un sport pour moi.

– Ça va passer.

– Un dernier tour et j'arrête !

J'ai essayé de la convaincre d'aller au bout des quarante minutes :

– Dis-toi que le temps qu'il nous reste à courir c'est à peine assez pour faire le tour d'un magasin de vêtements. Ça te paraîtra plus court.

– Ça n'a rien à voir, a-t-elle rétorqué. Il faut écouter ce que dit son corps. Quand c'est trop, ça ne sert à rien d'insister ou c'est l'accident assuré. Le corps d'abord, le succès après.

– Et les félicitations sous le nez...

– Les félicitations... a-t-elle répété.

Paf, j'avais tapé dans le mille ! Les félicitations, c'était l'argument choc. Elle n'a rien trouvé à redire. Ce n'est pas fréquent.

– Courage, Malika ! Plus que quelques minutes à tenir et tu auras tes félicitations.

– Oui, je les aurai.

J'ai accéléré pour une deuxième partie un peu plus punchy. Malika m'a suivie. Ses mèches rebondissaient comme des ficelles de paquets-cadeaux et ses tennis étaient de véritables aspirateurs à petits cailloux. Les autres filles souffraient autant que nous tandis que le prof dorlotait son chrono. Farid et Nono cherchaient l'inspiration pour un nouveau message. Et moi, malgré ma tête de tomate apéritif, j'essayais de ne pas paraître trop ridicule. Attention aux fesses en arrière, aux bras qui pendent bêtement, à la bretelle de soutien-gorge qui dépasse du tee-shirt ou aux bulles de salive au coin des lèvres.

Je ne tenais pas à ce que Rémy lève les yeux sur moi et se demande : « Qu'est-ce que je fais avec cette fille ? » Moi, je sais très bien ce que je fais avec ce garçon. Mais lui, depuis un certain vendredi dans un manège, il a le droit de se poser des questions. Allez, d'accord, je raconte.

Tournez manège !

La dernière fois que Rémy a véritablement levé les yeux sur moi, c'était vendredi dernier devant la boulangerie de la gare. J'attendais le bus en déambulant devant la vitrine de gâteaux. Une odeur de viennoiseries me faisait monter l'eau à la bouche. J'étais en train de me demander laquelle je pourrais m'offrir quand, soudain, mon cœur s'est mis à battre de façon anormale et j'ai entendu une voix sucrée me murmurer :

– Tu craques pour les meringues vertes ?

Mes jambes se sont ramollies façon éclairs au chocolat et ma tête s'est vidée comme une chouquette. C'était Rémy, tout seul, sans la bande à Nono.

Son tee-shirt trois places frôlait mon bras et, à vrai dire, je craquais plus pour ses lèvres que pour les meringues psychédéliques. Il m'a susurré :

– Elles sont peut-être aux orties, méfie-toi.

– Et toi, tu es aux orties ou je peux te faire la bise ?

Je n'ai pas pu retenir un sourire de satisfaction. Je commençais à assurer niveau réparties. Il y a un an encore, j'aurais répondu quelque chose du genre : « Des ovnis, où ça ? »

J'ai donc embrassé Rémy sur les joues. Entre les deux bises, j'ai laissé traîner mes lèvres, j'ai marqué une pause aux mille possibilités et j'ai murmuré :

– Sa… lut !

L'odeur de croissant et de pain au chocolat s'est intensifiée. Mes papilles ont salivé, mes lèvres ont picoté mais je n'ai pas croqué dans les siennes puisqu'il ne prenait aucune initiative.

– T'es toute seule ? a-t-il questionné.

– Plus maintenant, ai-je répliqué d'une voix ravageuse.

– T'as réussi à te débarrasser de Malika ?

– Elle travaille au CDI avec Antoine.

Il a fait son demi-sourire irrésistible et m'a proposé :

– Je t'offre un tour ?

Un tour de quoi ? De vélo ? De pâté de maisons ? Un tour du monde ?

Le 116 a bifurqué au rond-point. Je l'ai regardé me passer sous le nez. En temps normal, j'aurais détalé sans dire au revoir pour ne pas le rater. Mais comme j'avais des jambes molles comme des éclairs au chocolat et un cerveau creux comme une chouquette, je suis restée plantée sur le trottoir face à Rémy.

Le sourire en banane chimique, je l'ai suivi pour son mystérieux tour de je-ne-sais-quoi. Tout à coup, mon sourire banane a dégouliné sur mon menton.

– On a du bol, c'est ouvert, a-t-il déclaré.

On était devant le manège. Pas n'importe lequel, celui de mon enfance. J'aurais trouvé l'idée très romantique si je n'avais pas reconnu immédiatement la dame qui s'en occupait. Elle avait toujours ses longs cheveux noirs et ses bijoux en argent autour du cou. Petite, je la prenais pour une sorcière. À tous les coups, ma tête lui rappellerait des souvenirs et j'aurais droit à quelques anecdotes ridicules me concernant.

On s'est postés devant la caisse.

J'ai aussitôt plongé la tête dans mon sac pour faire mine de chercher de la monnaie que Rémy n'a pas voulue.

Je n'aurais pas supporté devant lui des remarques du genre : « Alors, c'est pas papa qui t'accompagne ? », « On vient avec son chéri maintenant ? », « Tu te rappelles comme tu pleurais quand tu étais dans l'hélicoptère ? »

La limite d'âge n'existe pas pour monter sur le manège et la dame n'a pas eu l'air choquée qu'un garçon de quatorze ans lui achète deux tickets. On avait l'embarras du choix, le manège était désert. Lampe d'Aladin, camion de pompiers, tasse d'Alice au pays des merveilles ?

La musique de Madonna a donné le top départ, Rémy s'est jeté sur la toupie. Je l'ai rejoint. Si Malika m'avait vue, elle se serait esclaffée :

– Vous cherchez les sensations fortes ! Et après vous vous ferez une petite frayeur devant un DVD de Oui-Oui ?

Rémy a étendu ses bras sur le bord de la toupie, il a allongé ses jambes vers les miennes et m'a fixée droit dans les yeux d'un air énigmatique.

Qu'est-ce qu'il attendait ? Que je lui lance la première réplique de notre scène du *Médecin malgré lui* ? Que je lui demande où en étaient ses répétitions avec son groupe de rap ? Que je lui saute au cou pour mille bisous de rattrapage ? Bien des soirs dans mon lit, j'avais rêvé d'une rencontre surprise avec l'irrésistible Rémy et, dans mon nouveau journal intime – un cahier qui n'a servi que pour la dernière leçon d'histoire et dont j'ai arraché les premières pages –, j'ai dessiné une bouche pulpeuse au feutre rouge et j'ai écrit dessous :

Rémy, je t'aime.
Quand nos bouches se retrouveront-elles ?

Maintenant évidemment ! Le moment était enfin arrivé. Sa bouche était aussi pulpeuse que mon dessin.

Bisou baveux

– C'est parti, mes chéris ! a clamé la dame du manège dans son micro.

Dès le démarrage, j'ai saisi le volant et j'ai tourné la toupie de sorte qu'elle ne me voie pas de face.

– Je peux ? a demandé Rémy en prenant le volant.

– Tu veux ?

Et il a fait tourner la toupie comme un dingue alors qu'on n'avait même pas attaché nos ceintures de sécurité. Tout se mélangeait autour de moi : les voitures, la gare, le pont, les feux rouges, la boulangerie, le rond-point, les chaises en plastique. Et le visage de Rémy.

– T'as l'air bizarre, s'est-il écrié.

Oui, je me sentais bizarre. J'avais l'impression d'être une feuille de salade qui s'agrippe aux parois de son essoreuse pour ne pas être éjectée.

– T'as pas l'habitude ? a-t-il demandé.

Non sincèrement, je n'ai pas l'habitude de me transformer en feuille de salade.

Soudain, j'ai ressenti une horrible envie de vomir. L'image des gâteaux à la crème dans la vitrine de la boulangerie m'est revenue à la mémoire et a manqué de me faire perdre le contrôle de mon estomac. Rémy a ajouté :

– Ça tourne la tête, hein ?

– Qu'est-ce que tu dis ? J'ai l'air bête ?

– Tu veux ralentir ?

– Vomir ? Non, non.

On a atteint la vitesse critique. J'ai senti mon estomac s'envoler et se disperser dans mon corps. La salive a jailli dans ma bouche. J'ai serré les mains de Rémy posées sur le volant.

– Tout va bien ? s'est-il inquiété.

– Un peu rapide, ai-je marmonné sans desserrer les dents de peur que ma cantine de midi se déverse dans la toupie.

Rémy a bloqué le volant et la toupie s'est arrêtée net. J'ai basculé vers lui et je me suis retrouvée la tête sur ses genoux. Un filet de salive a coulé sur son jean mais j'ai réussi à éviter le pire.

– L'atterrissage est un peu brusque, a-t-il constaté.

– Juste un peu ?

Il m'a dévisagée d'un air qui n'avait plus rien d'énigmatique. Il m'a prise dans ses bras et il s'est penché vers moi. Pitié, pas un baiser sur ma bouche pleine de bave ! Rémy n'aurait pas assez d'un super spectacle de fin d'année pour effacer ce souvenir calamiteux. Il en parlerait à ses copains, ça ferait le tour du collège et tous les garçons m'infligeraient un « slurp » dégoûtant en me croisant dans les couloirs.

Je me suis extirpée de ses bras, j'ai passé mes doigts dans mes cheveux pour les remettre en place et je l'ai fixé comme si j'avais une annonce très importante à lui faire.

– Je t'aime, Rémy.

– Ça pose un problème ?

– Euh… non.

Il a remis ses coudes sur le dossier de la toupie et m'a examinée à nouveau de son air énigmatique.

Est-ce que mon « je t'aime » manquait de crédibilité ? Je ne suis pas experte en comédie, moi ! Je ne prends les cours de Malika que depuis deux ans. Alors quand ce n'est pas mon cœur qui parle mais mon estomac, ça se voit tout de suite.

Je n'ai jamais autant apprécié la fin d'un tour de manège. Je suis descendue de la toupie en titubant. Je me suis rattrapée aux trois petits cochons et à la moto pour ne pas m'effondrer.

La dame m'a envoyé un sourire discret. J'ai détourné le regard pour qu'elle n'envisage même pas de m'adresser la parole.

– Camilllle ! Hou hou ! s'est écriée une voix provenant de l'endroit où s'asseyait mon père six ans auparavant.

Oh non, Malika ! Elle tenant un pain au chocolat dans une main et dans l'autre son portable avec lequel elle me filmait. Elle l'a fermé d'un coup d'index et elle s'est exclamée :

– T'en fais une tête ! Il a essayé de dégrafer ton soutien-gorge ?

Elle m'a lancé un clin d'œil amusé.

– Tu n'es pas au CDI ? ai-je demandé. Et Antoine ?

– À la rentrée débrouille-toi pour avoir un portable, j'aurai moins de mal à te retrouver. Mon téléphone ne fait pas encore GPS à copines.

Elle n'a pas répondu à ma question à propos d'Antoine. D'habitude, quand on se retrouve, elle me saute dessus pour me montrer pendant un quart d'heure sa série de photos : Antoine penché sur son cours de maths, Antoine et elle en train de s'embrasser, Antoine qui exhibe ses biceps l'air fier de lui…

Elle a mordu dans son pain au chocolat et a continué :

– J'ai essayé de te rattraper pour rentrer avec toi. Je me disais qu'on pourrait réviser les maths ensemble.

Elle m'a serrée par le cou et m'a glissé d'une voix pleine de sous-entendus, en visant Rémy :

– Mais tu as mieux à faire !

– C'était juste en attendant…

– En attendant quoi, un baiser d'amour ou…

Tout à coup, elle a hurlé :

– Le bus ! Dépêche, on va le rater !

J'ai sauté sur mon sac et j'ai détalé sans prendre le temps de dire au revoir et merci à Rémy. Il est resté planté devant le manège, l'air de dire : « Mais qu'est-ce que je fais avec cette fille ? » Il n'a pas dû comprendre pourquoi je gâchais une occasion si belle de nous retrouver.

Patience Rémy… plus qu'une semaine jusqu'à la fête de fin d'année, et notre amour refleurira comme aux premiers jours.

– Cours, cours ! a crié Malika, un pied sur le trottoir et l'autre sur la marche du bus pour l'empêcher de partir.

Enfin, je suis montée dans le bus, je me suis affalée sur la première banquette libre et j'ai repris mon souffle en réalisant ce que je venais de faire : planter Rémy devant le manège sans même le remercier ni lui dire au revoir ! Rémy, qu'est-ce que j'ai fait ?

– Tu vas souffrir, mardi, pendant les quarante minutes d'endurance si t'es pas capable d'attraper un bus ! s'est moquée Malika. Moins dix sur ta moyenne de sport !

Ce vendredi-là, c'est dans le cœur de Rémy que j'ai chuté d'au moins dix points. Cinq pour le baiser détourné et cinq pour le départ précipité.

Je l'ai constaté dès le lundi. C'est à peine s'il m'a reconnue quand il m'a croisée dans les couloirs. J'ai arrêté d'écrire mon journal intime. Par superstition, je ne raconte pas les événements négatifs de ma vie, ni mes craintes les plus fortes de peur qu'elles ne deviennent réalité. J'ai juste effleuré du bout de l'index la bouche rouge que j'avais dessinée en première page et j'ai répondu à la question posée dessous :

– Bientôt, très bientôt…

Quatre jours plus tard, en endurance au milieu de la cour, je m'efforçais de courir comme une pro pour ne pas dégringoler plus bas dans son estime. Mais sur les dix-huit minutes qu'il nous restait à en baver, on avait encore le temps de se ridiculiser bêtement.

Dans le décor

Tout a basculé à la vingt-quatrième minute. À ce moment-là, nos supporters de la salle 8 ont eu un pic d'inspiration. Nono, hilare, tenait la feuille contre le carreau et Farid la remontait pour qu'on la voie bien. C'était une caricature de Malika et moi en pleine action : gouttes de sueur, joues gonflées, cheveux collants et yeux révulsés, tout y était. Leur prof a confisqué l'œuvre d'art et l'a jetée dans la corbeille. Rémy semblait toujours absorbé par son classeur.

– Insupportables nos supporters, ai-je déclaré.

D'habitude Malika aurait sauté sur l'occasion pour critiquer son frère et ses copains mais pas un mot n'est sorti de sa bouche.

– Malika ?

J'ai tourné la tête. Elle n'était plus à côté de moi.

– Malika ?

J'ai pivoté. Elle était arrêtée au niveau de la salle 8, les bras ballants, le regard hagard et le teint couleur lavabo. Je sais quand ma copine fait du cinéma mais là je peux vous assurer qu'elle ne plaisantait pas. Elle n'avait plus une trace de rose sur les lèvres, la moitié de ses cheveux s'étaient échappés de sa pince et son jogging frôlait le bitume.

– Camille, je…

Elle n'a pas terminé sa phrase, elle s'est écroulée par terre. Je n'ai pas eu le temps de la rattraper.

– Malikaaaa ! me suis-je écriée. Réponds-moi, dis quelque chose !

Mais Malika ne bougeait pas. Pas l'ébauche d'un sourire, pas un clin d'œil de connivence pour me faire comprendre qu'elle simulait un coma.

Pourquoi ne l'avais-je pas écoutée quand elle m'avait parlé de son cœur fragile ?

Non-assistance à copine en danger, voilà comment s'appelait mon manque de réaction lors de son malaise !

Les coureuses se sont arrêtées les unes après les autres et ont toutes posé la même question : « Qu'est-ce qu'elle a ? »

Charlotte en a profité pour s'asseoir. Les quatrièmes de la salle 8 se sont levés, ravis d'assister au spectacle. Sûr que Rémy avait quitté son classeur des yeux et se disait en nous regardant : « Qu'est-ce qui leur arrive encore à ces deux cinglées ? » J'ai appelé le prof qui jouait avec son chrono comme avec une DS :

– Monsieur ! Monsieur !

Il s'est approché, tranquille, les mains dans les poches. C'était pourtant le moment de nous faire une petite démonstration de sprint.

Quand il est enfin arrivé près de nous, il a frappé dans ses mains et il a grogné :

– Allez, on court ! Hop, hop, hop !

Et toutes les coureuses sauf moi se sont envolées comme des pigeons affolés.

J'étais révoltée. Ça ne lui suffisait pas, une élève dans les pommes ? Il avait décidé de nous achever les unes après les autres ? Je me suis écriée :

– Il faut emmener Malika d'urgence à l'infirmerie. Son cœur a lâché ! On doit appeler son médecin, aller chercher son carnet de santé, alerter ses parents !

– Tu es toujours là, toi ?

– Je suis sa copine.

– Tu veux un zéro en endurance ?

– On ne se quitte jamais.

– C'est bien ça, tu veux un zéro en endurance.

Je suis partie à contrecœur. J'ai carburé pour faire le tour complet, retrouver Malika et vérifier que Ribéry avait lâché son chrono et faisait le nécessaire pour la sauver.

– Alors, c'est grave ? ai-je demandé en arrivant.

– Qu'est-ce qu'elle veut encore, la vedette ? Une heure de colle ?

Une heure de colle en fin d'année pour assistance à copine en danger ? Moi qui n'en avais pas eu une seule depuis le début du collège !

J'ai repris la course sans quitter Malika des yeux. Je me fichais pas mal de ma façon de courir, de mes joues rouges et de mon tee-shirt qui glissait sur l'épaule. Rémy pouvait bien m'observer et se demander ce qu'il faisait avec moi. De toute façon, je ne pouvais pas descendre plus bas dans son estime. Il faudrait même que je pense à arracher la première page de mon journal. Ridicule, cette bouche dessinée avec Rémy écrit en dessous.

Malika s'est relevée et, sans un regard dans ma direction, elle a traversé la cour comme un zombie pour s'isoler dans la salle qui nous sert de vestiaires. Elle ne jouait pas la comédie, Ribéry l'avait enfin compris. Ça n'avait pas l'air de le préoccuper beaucoup, car il s'est replongé illico dans sa partie de chrono-DS.

Après quarante minutes de transpiration, j'ai trouvé un peu de forces pour courir jusqu'aux vestiaires. Dans quel état allais-je découvrir Malika ? En pleurs sur le bureau ? Étendue par terre, réclamant Antoine pour le bouche-à-bouche ? Faisait-elle les cent pas, furieuse de n'être pas à l'infirmerie sous assistance respiratoire ? S'énervait-elle sur son portable pour joindre SOS-élèves en détresse ? M'en voulait-elle pour ma négligence ? La salle était sombre, je ne la voyais nulle part.

– Malika ? ai-je murmuré.

– La forme, Camille ? Tu tiens encore debout ?

Je me suis retournée. Malika était assise près du tableau, son cahier de maths sur les genoux. Je me suis approchée, les jambes flageolantes, en prenant appui sur les tables.

– Et toi, tu te sens comment ? ai-je interrogé, prête à improviser un massage cardiaque.

– Au top ! J'ai eu le temps de réviser le dernier chapitre de maths. Maintenant je suis au point pour le contrôle.

– Mais tu n'es pas…

– Non je ne suis pas…

– Mais alors, tu…

– J'assure les félicitations, voyons !

Au mot « félicitations », ses yeux noirs ont clignoté comme des spots. Je me suis écroulée sur l'estrade, à bout de forces. J'avais risqué un zéro, une heure de colle et j'avais perdu au moins trois points avec Rémy à cause d'un chapitre de maths à réviser !

Malika a rangé son cahier et a sorti son portable pour me photographier sous tous les angles. J'ai pris la bouteille d'eau dans mon sac et j'ai bu à grandes gorgées pour me remettre de mes émotions.

– Mollo sur l'eau, Camouille, sinon tu auras des grenouilles pendant le devoir, a lancé Malika. Ça va me déconcentrer.

Malika avait bien changé depuis qu'elle sortait avec Antoine. Elle était devenue studieuse et avait remonté sa moyenne en flèche. Elle comptait finir l'année en beauté avec les félicitations et elle savait que ce n'était pas avec l'EPS qu'elle les obtiendrait. Par contre le contrôle de maths était décisif, la prof nous avait avertis.

J'ai appliqué la bouteille d'eau fraîche sur mes joues pour faire baisser la température de mon corps.

– Et j'y ai cru ! me suis-je exclamée.

– Normal, c'était fait pour.

Elle s'est levée. Elle a pris la pose d'une actrice face aux caméras, les cheveux sur une épaule, la bretelle de débardeur glissant sur l'autre et elle a dit :

– Alors, casting réussi ? Je me suis tué la fesse quand je suis tombée mais ce sont les risques du métier !

Elle a tourné son portable vers elle et s'est photographiée. Malika est vraiment une bonne comédienne. Même moi, j'étais tombée dans le panneau. Si elle était aussi convaincante samedi quand on jouerait *Le Médecin malgré lui*, on cartonnerait et je remonterais de quelques points dans l'estime de Rémy.

Mais à quelques jours du spectacle, notre Molière était loin d'être prêt. J'avais promis à Littlebit, notre prof d'anglais qui s'occupe de la programmation, qu'on serait au point, même si on n'était jamais venues à ses répétitions du midi en salle 16 bis.

Malika n'avait pas le temps, elle travaillait au CDI avec Antoine pour assurer ses félicitations. Quand je lui demandais :

– Et Molière ?

Elle posait son index sur ma bouche et soufflait :

– Chut ! Pas un mot sur le spectacle avant les résultats du conseil de classe.

D'après elle, trois jours de répétitions, c'était bien suffisant, pas la peine de s'ennuyer avant. Malika, c'est dans l'urgence ou rien.

– Une petite montée d'adrénaline et zou ! a-t-elle l'habitude de dire.

Je ne demandais pas mieux que de la croire. Je nous voyais immortalisées en une du journal du collège, sous le titre : *Les révélations de la soirée* ou *Actrices en herbe* ou encore *On se souviendra d'elles*. Rémy s'excuserait pour le tour de toupie de folie, je m'excuserais pour cette histoire de bus et le « je t'aime » raté. On tomberait dans les bras l'un de l'autre, on s'embrasserait et je ne ferais plus le yo-yo dans son estime. Il se dirait : « Qu'est-ce qu'elle est bien, cette fille ! » Je serais enfin là où j'ai toujours voulu être : dans son cœur et nulle part ailleurs. Je dessinerais sur la première page de mon journal intime un gros cœur bien rond et bien rose avec nos prénoms en croix attachés à jamais autour de la lettre M. M comme aime, évidemment !

Alors vite, les félicitations et à fond les répétitions !

Fixation sur les félicitations

On était prêts à bondir sur le téléphone de la maison posé sur la table basse. Malika n'avait plus de crédit depuis le début du mois. On avait laissé au moins cinq messages aux délégués pour qu'ils nous appellent chez moi mais on était sans nouvelles.

Pour une fois, Malika et Antoine ne se tenaient pas les doigts dans les doigts, ne s'enroulaient pas les pieds dans les pieds et ne s'embrassaient pas en public. Même moi, j'avais la gorge nouée. Si Malika n'obtenait pas les félicitations, elle n'aurait pas le temps de se remettre de sa déception et notre spectacle tomberait à l'eau.

Mon père a allumé l'ordinateur en sifflotant gaiement et a lancé :

– Toujours pas de nouvelles ?

Qu'est-ce qui lui prenait tout à coup ? Il voyait pourtant bien que Malika perdait son humour.

– C'est inquiétant, a-t-elle renchéri.

Elle a pris le téléphone et l'a fait tourner sur la table comme si elle entamait une séance de spiritisme pour savoir qui de nous trois aurait les félicitations.

– Quand ils ont du retard, c'est plutôt mauvais signe, non ? a ajouté mon père sans décrocher l'œil de l'écran.

Ma mère a gloussé derrière son courrier. Les bonnes blagues de mon père ne font plus rire qu'elle depuis belle lurette. Mes parents sont fortiches pour se moquer des autres mais ils feraient bien de se regarder dans un miroir de temps en temps. Eux, le soir quand ils rentrent du boulot, c'est direct boîte aux lettreschèques-Internet, au lieu de « Bonsoir chéri, ça va aujourd'hui ? ». Je ne leur donnerais pas les félicitations de la passion si j'assistais au conseil de maison de leur treizième année de mariage. Tout juste les encouragements.

– Mauvais signe pour qui ? a demandé Malika.

Le téléphone a tournoyé et s'est arrêté sur moi. Je l'ai poussé discrètement pour qu'il se tourne vers ma copine.

– Pour les élèves tangents. Les autres bien sûr, c'est vite fait.

– Mais non, il plaisante, a dit ma mère en jetant des prospectus à la poubelle.

– Et puis on peut très bien vivre sans les félicitations, a enchaîné mon père.

– « On » peut-être, mais pas moi ! s'est écriée Malika. Ils hésitent sur mon cas, c'est sûr. Ils vont y passer la soirée et la nuit, réunir tous les profs du collège pour délibérer. Ils devront contacter le rectorat. Ça va prendre des jours et des jours.

– Mais non ! me suis-je exclamée.

– Je suis sûre que c'est l'exo de maths que je n'ai pas fait au début du trimestre qui me pose problème, m'a-t-elle interrompue. Et puis je n'ai jamais rendu le devoir facultatif de français.

– Si c'était facultatif, ils ne peuvent pas en tenir compte… ai-je déclaré.

– Le prof d'histoire a forcément vu que j'avais copié les réponses sur toi aux dernières questions de l'interro surprise.

– Mais non, il aurait divisé notre note par deux s'il s'en était aperçu.

– Et si c'était ce faux jeton de Ribéry qui refusait de me donner les félicitations ? Lui, c'est la dernière fois qu'il me fait courir, même avec le chrono sur la tempe !

Je me suis rapprochée d'elle et j'ai posé ma main sur ses doigts glacés.

– Mon père adore provoquer, tu le connais, ai-je soufflé. Si tu rentres dans son jeu, il va continuer. Il est capable de te mettre dans la tête que tu risques de redoubler.

– Mais bien sûr que je peux redoubler ! Tout le monde peut redoubler ! Il suffit que les profs t'aient dans le nez ou que ton frère travaille comme un pied !

Je me suis tournée vers Antoine. Ses arguments auraient sans doute plus de poids que les miens pour rassurer Malika.

– Antoine, franchement elle s'inquiète pour rien, tu ne trouves pas ? Elle va les avoir les félicitations, non ?

Jusque-là, Antoine n'avait pas décroché un mot pour réconforter sa petite copine. Qu'est-ce qu'il attendait ? C'était son rôle de lui porter secours dans ces moments-là, non, il n'avait pas encore compris ça ?

Mais Antoine fixait le téléphone bêtement sans réagir. Il n'avait pas tant changé finalement. Même s'il portait le tee-shirt Superman que Malika lui avait offert, je ne pouvais pas m'empêcher de l'imaginer avec ses anciennes chemises fermées jusqu'au dernier bouton.

Il avait une façon bien à lui de se tenir sur le canapé, raide comme s'il était assis sur des parpaings. Tout le monde le félicitait pour son nouveau look depuis qu'il était avec Malika, son gel dans les cheveux, son déodorant très masculin, ses boutons disparus comme par magie. Seulement pour moi, Antoine était resté Antoine même si la façade était un peu différente.

Enfin, il s'est raclé la gorge pour évacuer les cinq chats coincés à l'intérieur et il a répondu, le regard complètement absent :

– Sûrement.

– Tu n'as pas l'air convaincu ! s'est écriée Malika.

– Si si, je pense que c'est bon pour toi. Tu vas les avoir, les félicitations.

Il a attrapé la main de Malika et lui a envoyé un bisou sec sur la bouche pour se faire pardonner de ne pas être assez rassurant. Allez Antoine, un petit effort, on ne croit pas un mot de ce que tu dis.

– Par contre, moi… a-t-il ajouté.

– Ah non, tu ne vas pas t'y mettre ! ai-je maugréé. Qu'est-ce que vous avez à vous torturer tous les deux ? C'est juste un conseil de classe !

– Mais tu ne comprends pas, Camille ! a hurlé Malika. Tu ne comprends jamais rien ! Pour toi, c'est facile la vie, les félicitations tu les as à chaque fois…

Bidibip. Tout à coup, le téléphone a sonné. On est restés tétanisés sur le canapé. Aucun de nous n'a osé tendre la main pour décrocher. Mon père a détourné la tête de son ordinateur et ma mère a levé les yeux de la facture. Le temps s'est immobilisé.

J'ai finalement tendu la main vers le téléphone quand, soudain, j'ai entendu mon frère répondre au premier étage. Mon cœur a bondi. Tom est incapable de prendre un message ! Il déforme tout quand ce n'est pas pour lui.

On s'est précipités dans le couloir et on a grimpé les marches quatre à quatre. Il avait déjà raccroché. Je l'ai attrapé par son sweat et j'ai hurlé :

– C'était qui ?

Il s'est dégagé et a interrogé :

– C'est une question de vie ou de mort ?

– Exact !

– C'était la déréglée de classe.

– La déléguée, tu veux dire !

– Ah oui, la dégueulée, il a pouffé.

– Et alors ? On a les félicitations ?

Il nous a regardés les uns après les autres avec une tête pas possible, prolongeant au maximum le suspense.

– Oui, tous les trois, a-t-il lancé.

– Tous les trois ! ai-je hurlé. Hourra !

Je lui ai fait deux bises sur les joues. Malika a sauté au cou d'Antoine en hurlant de joie et ils se sont écrasés sur la moquette en s'embrassant, sous le regard éberlué de mon frère. Enfin, quand ils se sont relevés, Antoine a inspiré comme s'il sortait la tête du grand bain après une longueur sous l'eau.

– Sauvés, on est sauvés, a-t-il lâché.

Oui, on était sauvés. Antoine, car il n'aurait jamais réussi à consoler Malika si elle n'avait pas eu ses félicitations. Moi parce que, maintenant qu'elle était dispo, on allait pouvoir répéter notre scène du *Médecin malgré lui*. J'avais encore toutes mes chances pour une soirée de folie avec Rémy samedi après un succès garanti.

Malika a bondi comme un feu d'artifice de 14 juillet. Elle a posé ses mains chaudes sur mes joues et a demandé :

– Bon, on en est où pour le spectacle de samedi ?

– À quelques années-lumière.

– C'est tout ?

– Il faudrait qu'on soit très fortes pour rattraper le temps perdu.

Elle m'a pincé les joues et s'est exclamée :

– Alors on a toutes nos chances ! Car on EST très fortes, Caillou !

Ses yeux sombres ont brillé de mille étoiles comme un ciel d'été.

– Coca pour tout le monde !

On a sifflé la bouteille pour fêter l'événement et on a refait une photocopie de la scène parce que Malika avait perdu la sienne. Elle avait choisi le rôle le plus important mais je ne me faisais pas de soucis. Grâce aux félicitations, elle avait retrouvé son enthousiasme légendaire et sa totale confiance en elle. Elle avalerait son texte en quarante minutes chrono avant de se coucher et on se retrouverait le lendemain à la récré pour une répèt express et sans accrocs.

Littlebit, qui commençait à avoir des doutes sur notre motivation, verrait de quoi sont capables les deux stars du collège. Et Rémy craquerait pour moi.

Les vedettes en répèt

Vendredi, 13 h 45 précises, convocation en salle 16 bis. Les tables et les chaises avaient été poussées pour créer un espace de répétition. Littlebit et la documentaliste, son assistante pour le spectacle, étaient assis devant le bureau. La documentaliste, on l'appelle Sephora depuis que Malika a flashé sur son parfum qui embaume le CDI.

On a attendu que Priscilla et ses copines aient fini leur défilé de mode spécial printemps-été pour franchir le seuil de la porte. Littlebit s'est levé pour ouvrir une fenêtre et il a déclamé d'un ton théâtral :

– Ah ! Camille et Malika, enfin ! Entrez !

– C'est ici la Star Academy ? a fanfaronné Malika. Où sont les caméras ?

On n'avait eu que dix minutes pour répéter le matin pourtant on ne s'était pas trop mal débrouillées. Pourvu qu'on assure aussi bien devant les profs !

Malika a sorti les photocopies pendant que Littlebit se rasseyait.

– Je vous rappelle que la représentation, c'est demain, a-t-il lancé. Celles qui ne savent pas leur texte ne jouent pas.

Effarée, je me suis tournée vers Malika et je lui ai lancé :

– Tu ne l'as pas appris ?

Ce matin, on avait répété texte en main pour aller plus vite mais j'étais persuadée qu'elle le savait. Mon cœur s'est emballé. J'ai vu trouble comme si je n'avais plus mes lunettes, pourtant je les sentais me comprimer la tête.

J'ai refait éveillée le cauchemar qui me hantait depuis des nuits. On était sur scène, c'était à Malika de parler et elle restait muette. Rémy et ses copains, mes parents et mon frère, les profs et le principal du collège avaient les yeux braqués sur nous. Littlebit avait beau lui souffler les répliques depuis les coulisses, Malika ne réagissait pas. Je fondais en larmes devant la salle entière. Et je me réveillais à la fois terrorisée et soulagée que ce ne soit pas la réalité.

Il était 13 h 50. Littlebit ne nous avait toujours pas mises à la porte de la salle 16 bis. Le sourire microscopique de Malika a confirmé qu'elle ne savait pas son texte. Les félicitations ne lui avaient pas donné le courage de s'y mettre. Depuis jeudi elle cuvait son bonheur post-conseil de classe. Elle se moquait de tout, de la sonnerie pour aller en cours, de la queue pour entrer à la cantine, de l'interdiction de papoter en classe, de moi, d'Antoine et de tout ce qui existait sur terre en dehors d'elle. Elle s'admirait dans n'importe quel objet qui pouvait refléter son image : une vitre du couloir, une cuiller à la cantine ou la branche en métal de son stylo à plume.

– Bon, les filles… a soupiré le prof d'anglais en agitant les narines.

En un quart de seconde, ma copine s'est transformée en Britney Spears des mauvais jours. Elle a mis le dos de sa main sur son front et elle a marmonné, les yeux brillants de larmes :

– Qu'est-ce qui m'arrive ? Je perds la mémoire, j'ai le cerveau ramollo et les neurones dans les doigts de pied. Une chaise, je vous en supplie, ou je meurs !

Ah non, elle n'allait pas faire le coup du coma à tous les profs !

– Il vous reste cinq minutes pour rapatrier vos neurones jusqu'à votre cerveau, a lancé Littlebit en visant la pendule.

– Respire profondément, a conseillé Sephora. Tu es sans doute trop émotive.

– Moi émotive ? Absolument pas !

Malika a bondi de sa chaise, elle a bu une gorgée d'eau à sa bouteille. Puis elle l'a refermée au ralenti.

– Tu veux changer de rôle ? lui ai-je glissé.

Avec le peu de texte que j'avais, elle pouvait s'en sortir. Moi je connaissais les deux rôles à force de relire ma photocopie.

Je pensais avoir trouvé la bonne solution quand, soudain, elle s'est affaissée sur son sac en sanglotant :

– Je suis nulle en théâtre.

– On annule si tu veux, ai-je soufflé.

Elle s'est redressée d'un coup.

– Surtout pas ! Tu es folle, Camille ! Pas question d'annuler !

– On peut changer le programme, a lancé Sephora qui tentait de nous mettre à l'aise. Vous connaissez un poème ?

– Un poème ? Quelle horreur ! s'est écriée Malika. Et pourquoi pas une recette de cuisine, tant qu'on y est ! Je n'ai pas envie qu'on se moque de moi jusqu'au brevet parce que je me suis pointée sur scène avec une récitation qui a barbé la moitié de la salle et déchaîné de rire l'autre moitié.

– On reporte la répétition alors ? ai-je chuchoté. À quatre heures, tu te sentiras mieux.

– J'ai une meilleure idée, a-t-elle déclaré comme si ses neurones étaient soudain remontés à la surface.

Ses yeux se sont mis à tourner et à scintiller comme deux boules à facettes au milieu d'une fête. Elle s'est écriée :

– On va danser !

– Danser ?

– Parfaitement ! Danser !

Littlebit a levé les yeux au ciel et s'est enfoncé dans sa chaise.

Malika a poursuivi :

– Il n'y a aucun numéro de danse pendant le spectacle et au moins trois extraits de pièces de théâtre. Ce que veulent les spectateurs, c'est voir des numéros variés. Avec de la musique et des corps qui se déchaînent sur scène, c'est tout de suite l'ambiance ! On va faire un show qui réveille les mamies, un numéro de dingos qui donnera envie au public de se lever de son fauteuil et de swinguer avec nous en claquant des doigts. Ce ne sera pas un simple spectacle de fin d'année, mais une énorme fête qui restera gravée dans nos mémoires. On va mettre le feu, Caillou. Le théâtre Boby-Lapointe n'aura jamais vu un truc pareil.

– Mais danser quoi ? Salsa, hip hop, techno ?

– C'est vrai, qu'est-ce qu'on pourrait danser ?

– Le slow ! j'ai soufflé.

– Si, j'ai trouvé ! On va présenter notre spectacle de danse classique ! Tout est prêt, Camille, la chorégraphie est en place, il est tout chaud tout cuit.

– De la danse classique au spectacle du collège ? Et tu crois qu'on va mettre le feu avec ça ?

Mais Malika avait retrouvé son enthousiasme débordant.

– Bien sûr que oui ! Les gens seront tellement surpris que ça les réveillera ! Ils vont se dire : « Quoi ? Elles ont osé ! » Caillou, on a bossé comme des malades pendant six mois sur cette chorégraphie pour une représentation d'une minute trente devant nos parents. Ah non, quel gâchis !

Moi, je participais au spectacle de danse uniquement parce que j'étais certaine que personne du collège, et surtout pas Rémy, n'assistait à mon très spécial « massacre sur musique ».

Jouer Molière sur scène, d'accord. Mais bouger mon corps devant le collège entier, c'était impossible.

Prise de panique, j'étais capable de rester bloquée une jambe en l'air et Littlebit serait obligé de me sortir de scène sur un brancard.

– Le programme est déjà chargé, a déclaré Littlebit. Si vous n'êtes pas prêtes, on supprime votre numéro.

– Le spectacle de danse, c'est la seule solution Camille, a tenté de me convaincre Malika. On n'a plus le choix. Ton texte, je n'y ai pas touché et je sais que je n'arriverai pas à avaler toutes ces lignes pour demain. C'est écrit trop petit. J'ai trop travaillé ce trimestre, mon cerveau n'accepte plus aucune info.

– Il reste deux minutes avant la sonnerie, a lancé Littlebit en se levant pour ranger la salle tandis que Sephora rassemblait ses papiers.

J'ai à peine eu le temps de bouger un cil que Malika s'est tournée vers lui et s'est écriée :

– Deux minutes, parfait ! Rasseyez-vous, on vous fait une démonstration. Attention les yeux...

– Sans musique ? ai-je murmuré.

– On s'en passera, je vais compter. Allez, retire tes shoes. Go !

Elle a envoyé valdinguer son pull sur une table et ses baskets sous une autre. Elle avait des chaussettes à rayures jaunes et orange et moi une vieille paire avec des marsupilamis.

– Trois-quatre ! a-t-elle lancé pendant que Littlebit et Sephora se rasseyaient.

Projos, rideaux, sono... Comme par magie, la salle 16 bis s'est transformée en salle de spectacle et on s'est retrouvées devant Littlebit et Sephora, inertes sur leurs chaises, à gesticuler dans tous les sens, en chaussettes, les cheveux dans les yeux et le tee-shirt au-dessus du nombril.

Malika comptait sur huit temps, à peine essoufflée. Moi je l'étais plus qu'après les quarante minutes d'endurance et ma mémoire était aussi raide que mes articulations. Je la suivais des yeux comme un robot pour qu'on soit synchro.

– Voilà ! s'est exclamée Malika au grand écart final lorsque la sonnerie a retenti.

Littlebit et Sephora sont restés silencieux, le temps de réaliser qu'ils étaient toujours dans la salle 16 bis et pas à l'hôpital psychiatrique.

– C'est une excellente idée, s'est extasiée Sephora, je n'ai jamais vu un numéro de danse classique à une fête de fin d'année !

– Bon, a approuvé Littlebit perplexe. Vous avez une tenue ?

– Oui, ma-gni-fique, a répliqué Malika.

– N'oubliez pas d'apporter le CD demain à la répétition générale, a soupiré Littlebit. Et la prochaine fois, n'attendez pas la veille de la représentation pour changer de numéro.

– Promis, a déclaré Malika en lui envoyant un milliard de SMS de tendresse dans un clin d'œil.

La prochaine fois ? Pourquoi, il y aura une prochaine fois ?

Les élèves se bousculaient à la porte. On a replacé les chaises et les tables. Le cours d'anglais a commencé. J'ai évité le regard de Littlebit pendant tout le premier quart d'heure. Au moment où j'ouvrais la fenêtre, j'ai vu le car des correspondants allemands se garer devant le collège. Les élèves de quatrième et troisième les attendaient sur le trottoir. Rémy était assis sur le dossier du banc proche de la sortie, le menton posé sur une main, seul. À quoi pensait-il ? J'aurais bien pris ce menton dans ma main pour approcher sa bouche de la mienne. Est-ce qu'elle m'attendait encore ?

Déshabillez-moi

Malika devait s'occuper des costumes et me rappeler. Mais à vingt heures, je n'avais toujours pas de nouvelles.

Je suis descendue vider ma corbeille à papier dans la grande poubelle sur le trottoir. Au moment où les petits morceaux de la bouche de Rémy que j'avais déchirée glissaient de ma corbeille, j'ai aperçu à l'autre bout de la rue la bande à Nono, multipliée par deux puisqu'ils avaient leurs correspondants allemands.

On aurait dit une patrouille de contrôleurs de bus qui vérifie si vous avez bien votre ticket de sortie de poubelle.

– Hou hou, Camille ! a beuglé Nono.

Je n'ai pas eu le temps de me réfugier chez moi. Pas de chance, je portais le grand tee-shirt Gaz de France que mon père m'a donné et qui me sert de chemise de nuit.

Ils sont arrivés sur moi en moins de deux et m'ont encerclée. J'ai vite refermé le couvercle de la grande poubelle pour éviter que Rémy ne compose le puzzle de la bouche et ne découvre son prénom.

– On leur fait visiter le quartier, tu viens avec nous ? a-t-il demandé.

Un des correspondants cherchait des mots dans un dictionnaire minuscule. Un autre admirait la poubelle grise au couvercle jaune comme si elle était signée M. Eiffel. Un autre encore essayait de déchiffrer l'inscription sur mon tee-shirt.

– Je ne sais pas si… je…

Rémy a passé sa langue sur sa bouche sans imaginer l'effet que ça produisait sur moi. Il a jeté un coup d'œil dans ma corbeille. Un morceau était resté coincé au fond. On pouvait y lire « my ». J'ai pensé qu'à coup sûr il allait reconstituer son prénom. Je n'ai pas pu m'empêcher de rougir.

J'ai prévenu Tom que j'allais me promener. Je lui ai demandé de prendre les messages téléphoniques et j'ai posé ma corbeille pour les suivre.

On est allés jusqu'au collège et on est revenus.

Au retour, j'ai senti les doigts de Rémy se mélanger aux miens. Derrière nous, Nono et Farid ont ricané.

– Ça va ? m'a demandé Rémy en sentant mes doigts se crisper.

– Oui, oui.

– Je te serre trop fort ?

– Non non, j'arrive encore à les bouger ! ai-je plaisanté.

Son correspondant nous examinait avec curiosité et il semblait prêt à noter ses remarques sur les mœurs françaises dans son petit carnet de souvenirs. Dès qu'un poteau s'est mis en travers de notre chemin, j'ai lâché la main de Rémy et je suis rentrée chez moi.

Sur le trottoir à côté de la poubelle, Malika et Antoine m'attendaient de pied ferme.

– T'étais où ? m'a demandé Malika.

– On t'a cherchée partout ! a ajouté Antoine.

– Tes parents ne savaient même pas où tu étais passée.

Évidemment, Tom n'avait pas transmis le message. Malika m'a épargné son discours sur les avantages du portable en cas d'urgence, elle a enchaîné directement sur le sujet qui les amenait chez moi.

– Bon, il faut qu'on parle au calme de notre numéro.

On est montés dans ma chambre. Malika s'est installée sur ma chaise à roulettes comme si elle me recevait officiellement dans son bureau de directrice générale d'une grande chaîne de télé. Elle a mis une jambe sur l'autre, très pro, elle a pris un stylo et elle a tapoté le capuchon sur un livre pour marquer son impatience d'arriver au but et de signer le contrat.

– Alors voilà, on a réfléchi, Antoine et moi, on a eu une nouvelle idée pour le spectacle. Vas-y Antoine, explique, a-t-elle déclaré.

Antoine, debout à côté d'elle, a pris une attitude de manager. Il a gonflé le thorax, s'est appuyé sur l'épaule de Malika et a lancé en me fixant droit dans les yeux :

– On abandonne la danse classique. Mauvaise idée. Vous allez faire un strip-tease.

– Un strip-tease ? ai-je répété.

– Un strip-tease, a confirmé Malika en enroulant ses cheveux en chignon et en plantant le stylo dedans pour le faire tenir.

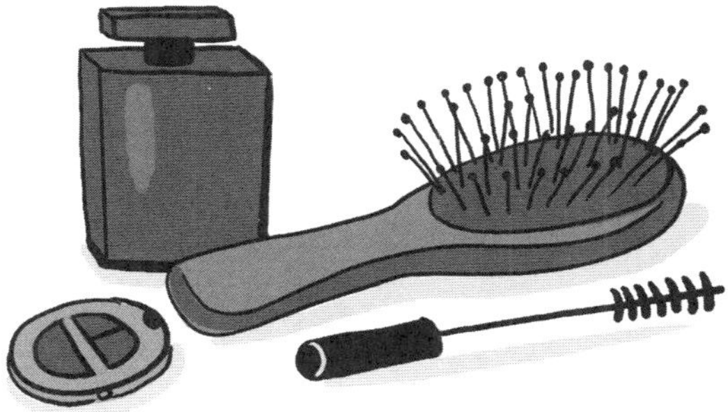

Antoine s'est mis à marcher de long en large dans ma chambre.

– Pourquoi un strip-tease, Camille ? C'est la question que tu te poses et je te comprends. Alors je vais te donner la réponse. Un strip-tease, c'est le succès assuré. Avec un strip-tease, tout le monde s'identifiera à vous. Qui n'a pas essayé devant le miroir de sa chambre ou dans la salle de bains ?

Il s'est assis près de moi et m'a soufflé à deux centimètres du visage :

– Caillou, honnêtement, tu ne l'as jamais fait ?

J'ai hoché la tête.

– Mais il y aura les parents, les profs, le principal ! ai-je protesté.

– Ça les fera rire encore plus que les autres. Enfin des collégiennes qui osent ! Du jamais vu ! Imagine... Vous arrivez sur scène habillées et au fur et à mesure vous enlevez tout.

– Tout ? a questionné Malika avec horreur, comme si elle entendait pour la première fois la proposition d'Antoine.

– En dessous, vous aurez un justaucorps et des collants noirs, bien sûr.

– Mais par-dessus on peut se permettre n'importe quel délire ! s'est exclamée Malika. On arrive, on retire nos fringues, façon « déshabillez-moi, mais pas trop vite, pas tout de suite... ». Super l'idée, non ? C'est pas moi, c'est lui. Bravo Antoine !

Elle a frappé dans ses mains trois fois et lui a envoyé un smack pour le remercier d'avoir des idées comme elle les aime, des idées à la hauteur de sa folie. Je m'étais trompée, Malika et Antoine étaient plus amoureux que jamais et leur histoire était loin de s'essouffler.

Moi, j'étais tellement surprise que je n'ai pas pu prononcer un mot. Déjà danser, ce n'était pas mon truc. Mais faire un strip-tease devant tout le collège, les profs, le principal, les parents et les correspondants, c'était carrément au-dessus de mes forces.

Malika a déballé le contenu de son sac sur mon bureau.

– Mets ça ! s'est-elle écriée en m'envoyant des vêtements sur les genoux.

– Maintenant ?

– Non, à Noël. Quand est-ce qu'on fait le spectacle ? Demain soir ! Alors on n'a pas de temps à perdre. Habille-toi.

J'ai examiné ce qu'elle avait prévu pour moi : une jupette plissée de majorette qu'elle devait porter à sept ans, un boléro en fourrure blanche et sa ceinture rose flashy. Lorsque j'ai levé les yeux pour protester, Malika était déjà prête. Elle portait un petit haut très court jaune citron à boutons, un slim bleu électrique, un sac à main argenté, des bracelets colorés, un foulard à paillettes et ses lunettes de soleil en forme de cœurs.

– On pourrait s'habiller comme ça pour aller au collège, ai-je glissé.

– Tu imagines qu'il veut voir quoi Rémy, samedi soir ? Deux sacs à patates sur scène ?

Non, évidemment, et comme je n'avais pas de meilleure idée j'ai accepté leur strip-tease. Malika m'a aidée à m'habiller. Antoine aurait pu faire semblant de s'intéresser aux livres de ma bibliothèque mais il nous observait en souriant, les bras croisés. Le boléro n'avait pas de bouton et mon soutien-gorge dépassait, ça ne le dérangeait pas.

– Tu es ma-gni-fique, a exagéré Malika. N'est-ce pas, Antoine ?

– Une vraie star !

J'ai accroché le boléro avec une pince à linge récupérée dans la salle de bains. On a fermé les rideaux, on a lancé la chanson de Tokio Hotel qu'avait choisie Antoine et on a commencé à faire semblant de se déshabiller vu qu'on n'avait rien en dessous. J'imitais Malika et on n'arrêtait pas de pouffer de rire.

À la fin, Antoine s'est levé et a déclaré :

– Pas mal. On va travailler maintenant.

Carton à la générale

Malika n'a pas quitté son portable pendant la répétition générale du samedi après-midi. De qui attendait-elle un coup de fil ?

Quand je lui ai posé la question, elle m'a répondu en caressant du pouce les touches de son téléphone :

– T'es bien curieuse, ma petite !

À la pause, elle a mis son téléphone dans la poche arrière de son pantalon bleu électrique et on est montées pour remettre notre CD au mort vivant, le régisseur, habillé en noir des chaussures aux lunettes, le visage très pâle, entouré de quatre élèves qui apprenaient le fonctionnement des lumières et du son.

– On va faire un carton, je le sens, a-t-elle déclaré en m'adressant un clin d'œil, simplement parce que le mort vivant lui avait souri en prenant le CD.

On se dirigeait vers les coulisses lorsque le téléphone de la régie a retenti. Malika a décroché. Elle avait à peine dit « allô » que son portable s'est mis à faire de la musique dans son pantalon moulant.

– Réponds, a-t-elle articulé en me désignant sa poche.

Je n'aime pas décrocher à la place de quelqu'un mais j'ai obéi. Je me suis précipitée, j'ai sorti le téléphone de son pantalon d'une main stressée et je me suis jetée sur la touche verte.

– Allô, Malika ? ai-je entendu.

– Non, c'est Camille.

– Camille ? C'est Benjamin.

– Benjamin ?

– Benjamin Castaldi.

– Benjamin Castaldi ? Benjamin Castaldi ? Non !

– J'appelle pour notre interview.

– Interquoi ? Oui oui, interview, bien sûr…

– Rendez-vous au square après la générale, OK ?

– OK, je… mais… vous… le square de…

Il a raccroché avant la fin de mon bafouillage. À croire qu'il avait une dizaine de coups de fil à passer.

– Après c'est à nous, a dit Malika en raccrochant le téléphone de la régie.

Je me suis écroulée sur le tabouret du piano et je lui ai tendu son portable. Elle a effleuré ma main glacée et a demandé :

– Rien de grave ?

– Non, non…

– C'était qui ?

– Où ça ?

– Ben, au téléphone !

J'étais incapable de répondre. Malika éclaterait de rire si je lui disais que Benjamin Castaldi, le célèbre présentateur, nous avait donné rendez-vous pour une interview. C'était sûrement une blague de Farid et Nono.

– Alors, c'était qui, Caillou ?

Mon cerveau s'est remis en marche lentement et ma langue a réussi à bouger :

– Je ne sais pas. C'était pour une interview, je crois…

– Ah ! C'était Castaldi !

– Pardon ?

– Castaldi, a-t-elle répété tout naturellement.

– Oui c'est ça, Benjamin Castaldi.

– Je ne te l'avais pas dit ? Il fait un reportage sur la fête du collège. Il a besoin de deux jolies filles comme nous pour une interview.

– Benjamin Castaldi, le type de…

– Il apporte son matos, il nous filmera ce soir. Je lui ai dit : « D'accord pour une interview mais viens nous voir sur scène à la générale. »

– Tu lui as dit ça comme ça ?

– J'ai été directe. Il m'a promis qu'il essaierait seulement je le connais, il a toujours un milliard de trucs à faire.

– Tu le connais ? Depuis quand ?

– C'est Antoine qui l'a contacté. Je n'y aurais pas pensé.

– Il vient ici, à Boby-Lapointe ? Il va nous poser des questions ? Sur quoi ?

– Sur les répèts, comment on vit notre trac, où on a eu les costumes et tout le tralala… Les questions habituelles !

– Habituelles ?

Le problème, c'est que moi je n'ai pas une connaissance aussi approfondie que Malika des interviews people. Je la laisserai parler et je me contenterai de sourire avec naturel.

– Tu as préparé des réponses ? ai-je interrogé.

– Hou là là ! On reste nous-mêmes, c'est ce que les gens attendent. Ça ne sert à rien de se fabriquer une image.

– On ne peut pas improviser, c'est de la folie. Une interview, ça se prépare, c'est sérieux.

– On n'est pas des professionnelles ! On a treize ans et c'est la première fois qu'on se produit sur scène, on a droit à l'erreur.

– Je vais dire n'importe quoi, la terre entière va me voir bégayer, blêmir et bondir à chaque question.

– La terre entière, n'exagère pas !

– Je suis trop émotive, tu me connais. Je n'y vais pas.

– Dommage, Priscilla a eu son interview en début d'après-midi à la buvette. Ça a duré quinze minutes et il l'a trouvée super.

– Super ? Il a vu son défilé au moins ? Ses mannequins se déplacent comme des bulldozers.

– Comme quoi, pas la peine de complexer, Camille ! Nous, on va cartonner.

La lumière s'est éteinte. C'était notre tour. Concentre-toi, Camille, c'est la minute la plus importante de ta vie, ai-je pensé. Castaldi est peut-être incognito dans un coin de la salle. Une mauvaise impression et il annule son interview.

Je m'accrochais au rideau pour me remettre de la nouvelle quand le contenu du message téléphonique a émergé du fin fond de mon cerveau minuscule et tout froissé.

– On a rendez-vous au square de l'église, ai-je marmonné.

– Excellente idée ! On sera tranquilles. Allez, c'est à nous.

J'ai retiré mes lunettes et je les ai posées sur le tabouret du piano. Aucune star ne monte sur scène avec ses lunettes, c'est bien connu.

J'ai tenté de donner le maximum pendant la minute trente de répétition générale. Mais j'avais les bras qui tremblaient, les pieds qui hésitaient et les jambes raides.

Il faut dire que j'avais l'esprit ailleurs : l'idée que Castaldi avait repéré Malika sur simple photo m'obsédait. Malika avait-elle l'intention de faire carrière ? Quitterait-elle le collège en fin de cinquième pour tourner dans le monde entier ? Est-ce qu'on se verrait encore ? Je consolerais Antoine qui se retrouverait seul en lui disant qu'ils n'étaient pas faits l'un pour l'autre et je demanderais à Rémy de compenser mon manque de Malika.

Enfin, mon supplice a pris fin. Les élèves dans la salle ont applaudi, sifflé et crié bravo.

Littlebit a relu sa feuille et a ronchonné :

– J'avais noté danse classique…

– Camille a un ongle incarné, m'sieur, elle ne peut pas faire de pointes.

Je n'ai même pas protesté. Littlebit nous a fait signe de filer en soupirant. L'heure de l'interview approchait.

J'ai dévalé les escaliers pour aller dans les loges vérifier ma coiffure et mon maquillage. J'ai préféré rester en tenue de scène pour faire meilleure impression. Quand Rémy apprendrait ce qui nous arrivait, il n'en croirait pas ses oreilles. Ma cote allait grimper et il me proposerait illico de vivre notre amour au grand jour.

Allez les stars, au square !

L'interview du siècle

Lorsqu'on est allées chercher Antoine pour se rendre à l'interview, mon cœur battait à toute allure. J'avais envie de parler à chaque élève qu'on croisait de notre rendez-vous avec le présentateur le plus connu de la télé. Malika, elle, était parfaitement zen.

Antoine et Jessy, comprimés dans une minuscule cage en verre, étaient en train d'installer la billetterie. Malika a posé trois chips sur le guichet et elle a demandé :

– Alors les petits poissons, on attend son miam-miam ?

Antoine a sursauté. Il s'est précipité sur la caisse et il a tourné la clef dans la serrure comme si on s'apprêtait à le braquer. Ma copine m'a lancé un clin d'œil.

– C'est le casse du siècle ! Il y a combien là-dedans ? Au moins cinq pièces d'un euro pour rendre la monnaie…

– Je ne sais pas, a répondu Antoine, soucieux d'en révéler le moins possible.

Il nous a examinées l'une après l'autre d'un air soupçonneux. Puis il a consulté sa montre pour nous faire comprendre qu'on avait cinq minutes de retard, il a remis la clef de la caisse à Jessy et il est sorti de son aquarium. Il était de la couleur d'un petit poisson rouge. Pas facile d'avoir autant de responsabilités !

À l'entrée du square, les mamies ont regardé d'un air amusé ma jupette de majorette et mon boléro tandis que je m'interrogeais. Et si Castaldi proposait à Malika une comédie musicale internationale et l'embarquait immédiatement pour lui présenter le directeur du casting ?

Mon regard se promenait aux alentours lorsque mon cœur s'est arrêté de battre.

– Rémy ! ai-je hurlé.

Rémy passait de l'autre côté de la place. Que faire ? Rémy ou l'interview ? Le square ou le trottoir d'en face ? Rémy m'a fait coucou de la main. Je me suis dirigée vers lui.

– Tu vas où ? a demandé Antoine en regardant sa montre. On a rendez-vous maintenant, on est déjà en retard.

– J'en ai pour trente secondes ! ai-je rétorqué.

Juste le temps d'expliquer à Rémy l'aventure incroyable qui nous arrivait. J'ai traversé la place en courant.

– Rémy ! Tu ne devineras jamais !

– Tout le monde se retourne sur toi ? a-t-il plaisanté en décortiquant ma tenue.

Il s'est approché de moi mais ce n'était pas le moment de s'attarder.

– On a un rendez-vous avec… devine qui ?

– Le pape ?

– Castaldi ! C'est incroyable, non ?

J'ai glissé un œil vers l'entrée du square pour vérifier que je ne loupais pas un épisode capital de l'interview et j'ai envoyé à Rémy un bisou qui vole. J'ai traversé comme une folle. Une voiture m'a klaxonnée et un vélo a fait un crochet pour m'éviter. J'ai eu de la chance d'arriver entière pour l'interview du siècle.

Je replaçais les pinces dans mes cheveux quand Antoine a murmuré très calmement :

– Il arrive.

Malika n'a pas sauté de joie comme elle aurait fait en temps normal. Elle est restée immobile telle la statue du square.

– Où ça ? Tu le vois ? Il est où ? ai-je demandé.

– Au feu là-bas, m'a expliqué Antoine. Il prend le passage piétons. Il fait le tour de la place.

Sans mes lunettes, je distinguais juste une ombre qui se déplaçait avec un sac sur l'épaule. J'ai soufflé dans l'oreille d'Antoine :

– Il a présenté quoi déjà avant ? Dis-moi, j'ai oublié !

Mais Antoine s'est avancé sur le passage piétons pour aller à la rencontre de Castaldi. Je me suis retournée vers Malika :

– Tu sais, toi ? Réponds-moi, vite !

Malika m'a dévisagée d'un air perplexe. Mon comportement devait lui paraître étrange. D'habitude, c'est plutôt moi qui reste calme et Malika qui s'emballe. Mais là, je ne sais pas pourquoi, je n'arrivais pas à garder mon sang-froid.

Soudain, Antoine s'est exclamé :

– Ah ! Salut Benjamin !

Benjamin Castaldi était arrivé ! Il était là, près de moi ! Mes jambes flageolaient, ma respiration se bloquait.

Il s'est approché de moi avec l'intention de me faire la bise.

– Camille, je te présente Benjamin, a déclaré Antoine d'un ton solennel. Benjamin, Camille.

J'ai aussitôt reculé d'un pas et je me suis tournée vers Malika :

– Mais j'ai bien entendu Castaldi au téléphone ! Benjamin Castaldi !

Malika a enfin quitté sa pose pour faire la bise au garçon et pendant qu'Antoine le questionnait à propos de sa caméra et de son matériel vidéo, elle m'a soufflé :

– Tu ne savais pas qu'on l'appelait Castaldi ?

– Pas du tout.

– Il s'appelle Benjamin Carbelli en réalité mais comme il ressemble comme deux gouttes d'eau au présentateur, tout le monde l'appelle Castaldi. J'étais persuadée que tu étais au courant.

Le choc était terrible. Comment avais-je pu imaginer une seconde que Benjamin Castaldi viendrait jusqu'ici nous interviewer ? Benjamin Carbelli est un élève de troisième que je connais de vue. Il s'occupe du club vidéo du collège et participe au journal.

– Alors la majorette, tu nous fais une démonstration dans le square en avant-première ! s'est-il exclamé en espérant me faire sourire.

– Très drôle, ai-je répondu d'un ton sec.

– N'aie pas peur, c'est juste une caméra ! On coupe au montage si on voit ta culotte !

– De plus en plus comique.

Rémy connaissait-il son surnom lui aussi ? J'ai respiré profondément pour refouler les larmes d'énervement qui me montaient aux yeux.

Benjamin a posé sa main sur mon épaule et m'a demandé :

– C'est toi que j'ai eue au téléphone tout à l'heure ?

– Oui.

– Capucine, c'est ça ?

– Camille.

– C'est cool d'avoir accepté l'interview. Alors Coline, tu es musicienne toi aussi ?

J'ai dégagé mon épaule.

– Camille, ai-je répété froidement. Et nous, on fait un strip-tease, pas de la musique.

– Antoine, tu ne lui as pas parlé de notre numéro ? s'est étonnée Malika.

– Si pourtant.

Benjamin a sorti sa caméra et il l'a bidouillée quelques instants. Il avait l'air aussi à l'aise avec sa machine que moi avec une pioche.

– Je fais une vidéo pour le collège et des articles pour le journal. Si vous avez des idées, je suis preneur…

– Tu en manques ? lui ai-je demandé du tac au tac.

– Pas du tout, j'ai ce qu'il faut mais…

Il s'est penché sur sa caméra d'un air inquiet.

– Tu veux de l'aide ? a interrogé Antoine.

– Elle met toujours du temps à chauffer. C'est un vieux modèle. La générale s'est bien passée pour vous ? Désolé, je n'ai pas pu y assister, mon vélo a crevé.

– Tu devrais appuyer sur « play », ai-je suggéré, le voyant rouge n'est pas allumé.

Il m'a regardée fixement en appuyant plusieurs fois de suite sur play.

– Tu vois bien que ça ne fonctionne pas…

– C'est la première fois que tu t'en sers ? ai-je interrogé.

– Ça doit être la batterie. Pourtant je l'ai rechargée avant de venir. Bon, je vais voir ça chez moi. J'espère que ce soir ça ira mieux. On remet l'interview, d'accord ?

– Quand tu veux, a répliqué Antoine.

Benjamin n'a pas pris le temps de remballer sa caméra. Il s'est sauvé à toute vitesse. Malika a éclaté de rire.

– D'accord, il manque un peu d'expérience mais tu ne trouves pas que c'est le sosie du présentateur ? Les mêmes cheveux, le même regard, le même prénom et presque le même nom, c'est fou !

– Le modèle original doit être plus doué, ai-je répondu.

– Qu'est-ce que tu veux, on a les journalistes qu'on peut !

Quand on a regagné le théâtre, Littlebit donnait ses dernières recommandations pour le spectacle. Antoine a compté l'argent récolté par Jessy pour acheter un bouquet de fleurs à notre prof d'anglais et à Sephora, les organisateurs de la fête. Malika s'était proposée pour le leur apporter sur scène.

On est rentrés chez nous pour un dîner léger après s'être donné rendez-vous devant le théâtre. Mais impossible de trouver Rémy avant de partir. Mon cœur ne l'a détecté nulle part.

Une fois à la maison, j'ai ouvert mon cahier à spirale et j'ai dessiné son visage pour me consoler. Mais ses yeux étaient trop gros et sa bouche trop basse. J'ai tracé une bulle dans laquelle j'ai écrit :

Camille, je t'aime.

Et j'ai répondu à voix haute :

– Moi aussi Rémy, je t'aime. À ce soir.

Ce soir, promis, je redeviendrai la Camille que tu connais. Finis les délires, tout se déroulera normalement. On fera un strip-tease impec avec Malika et après, Rémy, on s'embrassera.

Les fleurs du crooner

À 19 h 30, j'ai retrouvé Malika devant le théâtre. Il fallait à tout prix qu'elle m'aide à reconquérir Rémy. J'étais en train de tout gâcher et elle ne se rendait compte de rien.

– Caillllllou ! s'est écriée Malika en haut des marches, un immense sourire aux lèvres.

Elle a fait semblant d'enlever sa veste en chantant notre musique pendant que je montais les marches.

Tous les regards se sont dirigés vers nous. Une dizaine d'élèves qui ne participaient pas au spectacle attendaient devant la porte. Un admirateur a même applaudi. La caméra de Benjamin était braquée sur nous.

– Alors, c'est parti ? nous a-t-il demandé tout en nous filmant.

Je lui ai tourné aussitôt le dos. Malika a posé une fesse sur le bac de fleurs en béton, elle a croisé les jambes et elle a balancé ses cheveux sur le côté. Elle s'apprêtait à jouer la star en interview lorsqu'une voix a murmuré dans notre dos :

– Psssit ! Malika, Malika ! J'ai trouvé les fleurs !

Benjamin a appuyé sur stop en secouant la tête l'air de dire « On n'y arrivera jamais » puis il a réenclenché la caméra et s'est précipité vers un groupe de filles du défilé de mode pour les assaillir de questions.

On s'est tournées vers Antoine, caché derrière un pilier.

– Tu peux venir, a soufflé Malika, Littlebit est déjà entré.

Notre livreur de fleurs est sorti de sa cachette les mains derrière le dos et le sourire aux lèvres. Il portait un tee-shirt jaune « C'est qui le plus beau ? », acheté sur les conseils de Malika. Il s'est avancé au ralenti, nous a jeté son regard de James Bond et il a dégainé son bouquet en s'écriant :

– Opération fleurs exécutée ! Agent 007 à votre service !

Malika a fait sa grimace de dégoût en remontant le côté gauche de sa lèvre supérieure. J'ai bien cru qu'on allait partir dans un fou rire.

– Pourries, flétries, riquiqui et fatiguées de la vie, m'a-t-elle glissé à l'oreille.

C'est vrai qu'on distinguait à peine les couleurs des fleurs et que la moitié d'entre elles pendaient mollement sur leur tige.

– Tu ne l'as pas payé cher au moins ? a-t-elle soufflé en gardant son sérieux.

– Neuf euros au lieu de quinze, une promo, a répliqué Antoine en affichant un sourire de crooner.

Malika a effleuré une marguerite jaunie et a lancé :

– J'espère que tu n'es pas allé trop loin pour trouver un magasin.

– Même pas. Il y a un fleuriste à deux rues d'ici.

Elle a arraché une fleur violette.

– Arrête, tu vas tout abîmer ! s'est-il écrié.

– Ton fleuriste, ce n'était pas la poubelle du coin par hasard ? a-t-elle demandé.

– La poubelle du…

Antoine comprenait enfin que James Bond n'était plus avec lui. Il a dégluti douloureusement et il a répondu :

– C'est l'intention qui compte. Et puis regarde la fougère comme elle est belle !

– La fougère, oui ! Le reste, tu peux le jeter. Je préfère mourir que de monter sur scène avec un bouquet pareil. Tu l'as acheté où ?

– Derrière la voie de chemin de fer. Juste à côté du cimetière…

À ces mots, Malika a éclaté de rire.

– Tu es allé au magasin de fleurs à côté du cimetière ? a-t-elle répété.

– Dans la vitrine, elles avaient l'air jolies, a-t-il insisté.

Malika l'a regardé fixement en secouant la tête.

– D'accord, je n'avais pas vu que le bouquet était fané, a-t-il avoué.

– Ce n'est pas grave, ai-je dit. Il n'y a que les gens qui ne font rien qui ne se trompent pas.

C'est ce que dit mon père quand il casse un verre en essuyant la vaisselle.

– Si c'est grave, Camille, a déclaré Malika sans rigoler. Débrouillez-vous mais je veux un bouquet digne de ce nom, pas un balai de sorcière. Ce n'est pas Halloween ce soir.

Et elle est entrée dans le théâtre sans se retourner.

Benjamin s'est jeté sur elle, la caméra à la main, et il a repris son interview :

– Alors Malika, qu'est-ce qu'on ressent avant de monter sur scène ?

Malika a aussitôt retrouvé son sourire en apercevant le petit voyant rouge de la caméra allumé.

– Le trac. Je n'ai jamais eu aussi peur de ma vie !

– Votre numéro est prêt ?

– Je l'espère. On l'a beaucoup répété, dans les moindres détails.

– De quoi s'agit-il exactement ?

– Ah ah, surprise ! Rendez-vous sur scène.

Elle a envoyé un clin d'œil à la caméra et a gagné les loges avec la dignité d'une diva, nous laissant plantés sur les marches avec notre bouquet pathétique.

Le trac attaque

Après le départ de Malika, nous nous sommes effondrés sur les marches, Antoine et moi. Malika avait raison, il fallait trouver un autre bouquet. Nono, Paolo et les élèves de la classe sont passés près de nous en nous demandant :

– Alors, le trac ?

Pour l'instant on n'avait pas le trac, on était aussi déprimés que notre bouquet. Et puis Charlotte est venue s'asseoir à côté de nous.

– J'ai peur, a-t-elle déclaré en claquant des dents.

– De quoi ? ai-je interrogé. Tu ne montes pas sur scène.

– Heureusement, sinon j'aurais une attaque fatale !

Elle s'est penchée vers le bouquet et a rigolé :

– Regardez, même les fleurs ont la frousse ! Je n'aurais jamais dû accepter.

– Tu as peur de tenir la buvette ? ai-je demandé.

– Tu ne te rends pas compte ! Ils vont débarquer en masse à l'entracte, je serai toute seule, personne n'a proposé de m'aider. Je vais bafouiller, renverser les verres, me tromper dans la monnaie.

– Je t'aiderai, ne t'inquiète pas, a dit Antoine en balayant la marche à ses pieds avec le bout du bouquet.

Charlotte lui a envoyé un bisou sur la joue pour le remercier et j'ai eu soudain l'envie irrésistible de le rassurer. Moi non plus je ne le laisserais pas tomber.

À cet instant, Rémy est arrivé, habillé tout en blanc. Il s'est penché vers moi pour m'embrasser mais, en voyant mon expression tragique, il s'est redressé et a murmuré :

– Quelque chose ne va pas ?

– Les fleurs pour le prof d'anglais et la documentaliste.

– Qu'est-ce qu'elles ont ces fleurs ?

– Regarde de plus près.

Il a fait mine de les examiner.

– Et alors ?

– Malika les trouve moches et elle ne veut pas les apporter sur scène.

– Et moi je dois tenir la caisse dans une heure, a déclaré Antoine en montrant sa main qui tremblait. Vu l'état dans lequel je suis, je n'y arriverai jamais.

Rémy s'est tourné vers l'entrée du théâtre.

– Vous n'avez qu'à cueillir celles-là ! a-t-il lancé en désignant le bac de fleurs qui trônait devant la porte vitrée.

– Le plus difficile, ça va être de détacher le bac, ai-je rétorqué pour plaisanter. Tu as un marteau-piqueur sur toi ?

– C'est vrai qu'elles sont belles, a murmuré Charlotte. Je voudrais bien avoir les mêmes dans un joli vase pour ma buvette.

On s'est regardés, Antoine et moi. On s'est rapprochés des fleurs. Il y en avait de toutes les couleurs. Elles feraient un magnifique bouquet.

J'ai eu envie de sauter au cou de Rémy et de l'embrasser sur la bouche pour le remercier mais il avait déjà franchi la porte vitrée.

– On l'a trouvée, la solution ! me suis-je exclamée. On garde la fougère et le papier transparent et on remplace les fleurs.

– Tu parles d'une solution ! s'est écrié Antoine. Désolé mais vandale, ce n'est pas mon rayon.

– Fais-le pour moi, ai-je tenté. Tu imagines dans quel état sera Malika si on n'a pas un bouquet correct ? On a un numéro à assurer, nous !

Il a secoué la tête.

– Alors trouve quelqu'un d'autre pour apporter ce bouquet d'horreurs sur scène, ai-je lancé en voyant l'heure à sa montre.

Il fallait que j'aille me maquiller, m'échauffer, me détendre. Malika était certainement en train de méditer selon la méthode de Littlebit. Allongée au sol, les bras en croix et les jambes en l'air, à moins qu'elle n'en soit déjà à l'étape où l'on doit imiter les cris d'animaux.

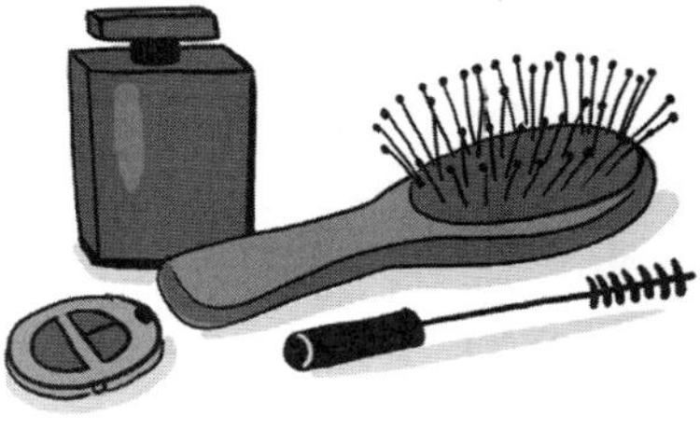

Soudain la porte du théâtre s'est ouverte et Malika a déboulé comme une furie, son crayon de khôl à la main, un œil maquillé, l'autre pas.

– Elles sont où ces fleurs de malheur ? Donne, je vais les rapporter. Si c'est fermé, je les pose sur le paillasson ou je les scotche sur la vitrine.

Elle a envoyé une claque au bouquet.

– Ce n'est pas normal de vendre des déchets pareils, a-t-elle ajouté en tentant de prendre le bouquet à Antoine.

– Moi il me plaît ce déchet, a-t-il résisté.

– C'est du vol ! Tu ne vois pas qu'ils ont profité de ta naïveté. Ah ! Il a dû bien rire le fleuriste du cimetière quand il t'a vu partir avec ton bouquet en décomposition avancée !

Elle lui a arraché le bouquet des mains.

– On a une solution, ai-je marmonné en tendant les doigts pour récupérer le bouquet.

– Ah oui ? Tu as une potion magique qui redonne de l'éclat aux fleurs, toi ?

Charlotte et Antoine se sont approchés pour essayer de reprendre le bouquet. Mais Malika les a menacés de la pointe de son crayon.

– Laisse-moi deviner. Tu comptes les tremper dans un bain de vitamine C ? Sortir la gouache et les pinceaux pour une rénovation ? Un petit coup de maquillage et c'est reparti ?

– Fais-nous confiance Malika, on a la solution, a assuré Antoine. On aura un beau bouquet.

J'ai regardé Antoine, les yeux écarquillés. Il avait enfin accepté notre unique solution.

– Tellement beau que j'irai l'apporter sur scène, a ajouté Charlotte.

La promesse de Charlotte a calmé Malika. J'ai récupéré le bouquet. Elle a baissé son crayon et elle a regagné les loges en silence.

– Prends celles avec des longues tiges, ai-je dit à Antoine en lui lançant un clin d'œil.

Il devrait être capable de s'improviser fleuriste même s'il passe plus de temps dans les dictionnaires que dans la nature. Je lui ai remis le bouquet avec précaution et j'ai passé la porte du théâtre. Le trac a immédiatement refait son apparition. Mon pouls battait si fort qu'un médecin m'aurait dispensée de sport et de scène jusqu'à la fin de ma scolarité.

Demandez le programme

Une fois maquillées et habillées, nous sommes allées dans les coulisses. Pour la concentration, c'était raté. Malika ne tenait pas en place. Elle entrouvrait les rideaux toutes les dix secondes pour observer la salle qui se remplissait. Les correspondants allemands se regroupaient sur les rangées du milieu, les élèves dans le fond et les parents plutôt devant. Mon père préparait la caméra et ma mère discutait avec les parents de Malika.

– C'est cool, il y a du monde ! s'est-elle écriée.

Moi qui peux courir quarante minutes dans la cour du collège, j'étais incapable de rester debout une minute de plus. Je me suis assise sur le tabouret pour bâiller tranquillement en attendant le début du spectacle.

– Allez, viens, on va faire des photos ! s'est écriée Malika en prenant son portable.

– Mais je...

– Il est où, ton Rémy ?

– Aucune idée.

– Au fait, c'est toujours le grand amour vous deux ?

Elle m'a prise par la main sans attendre ma réponse. On a fait un tour aux toilettes où j'ai tenu la porte de Malika. Puis on est allées à la buvette. Charlotte installait des piles de gobelets en plastique et les gâteaux. Je me suis écroulée sur une chaise de bar.

– Rien qu'à les regarder, je prends trois kilos ! s'est exclamée Charlotte. Surtout le gros là, au chocolat. Il me fait de l'œil, je vous jure ! Le morceau qui dépasse, vous le voyez ? Il n'arrête pas de gigoter pour me tenter. Mais je ne craquerai pas.

Lorsqu'elle a pris le plat pour le poser sur la table derrière elle, le morceau en question a glissé sur le comptoir.

– Qu'est-ce que je vous disais ? Il me cherche !

Elle l'a englouti en une bouchée. Elle a ramassé les miettes d'un revers de la main et nous a observées avec des yeux couleur nappage au chocolat intense.

– T'as pas vu Rémy ? lui a demandé Malika.

Charlotte a fait non de la tête et on est passées à l'aquarium où Malika a photographié Antoine et Jessy. Lui encaissait l'argent, elle donnait les billets.

– Alors, on aura de quoi se payer le restau jusqu'à la fin de notre vie avec la recette ? a interrogé Malika, qui semblait avoir oublié l'histoire du bouquet.

Antoine m'a fixée et a mimé une paire de ciseaux en pleine action. Il l'avait fait ! Je lui ai lancé un clin d'œil. Il m'a souri d'un air entendu et il a désigné le dessous du comptoir où il avait caché le nouveau bouquet.

– Ça va tous les deux ? Je ne vous dérange pas ? a sifflé Malika.

J'ai cherché une chaise pour m'asseoir mais ma copine n'avait pas terminé son petit tour. Elle a filé dans la salle de spectacle et je l'ai suivie, toujours aussi ramollo.

Rémy, assis sur l'accoudoir d'un fauteuil, discutait avec Priscilla, une fille de sa classe que je ne supporte pas depuis notre voyage en Angleterre. Il a fait mine de ne pas me voir. Alors que quelques secondes plus tôt j'étais au bord de l'endormissement, j'ai senti des crocs de tigresse sortir de mes mâchoires et des griffes pointues pousser à la place de mes ongles. J'étais prête à bondir à la gorge du premier qui me marcherait sur le pied.

Deux filles de quatrième, Marie-Amélie et Sarah, déambulaient entre les spectateurs pour vendre des programmes.

– Demandez le programme ! criaient-elles.

Elles se sont précipitées sur nous. J'ai secoué la tête pour refuser. Marie-Amélie a quand même fait son petit discours sans nous laisser l'occasion d'en placer une.

– Deux euros le programme, vous y trouverez le détail de la soirée et l'argent servira à…

– Non merci, on fait partie du spectacle, ai-je répondu d'un ton sec.

Rémy, tout en discutant avec Priscilla, nous jetait des regards en coin.

– Ceux qui font partie du spectacle peuvent aussi l'acheter, a rétorqué Sarah. Ça vous fera un souvenir pour…

– On a horreur des souvenirs, ai-je ajouté en cherchant le soutien de Malika. Et puis votre programme, il y en a une pile dans les coulisses, on se sert comme on veut.

– Vous ferez acte de générosité si vous l'achetez, a repris Marie-Amélie. On organise un voyage l'année prochaine. C'est pour nous aider à le financer.

– Vous avez déjà fait les réservations ? Tout est prêt ? ai-je coupé. Non, bon alors ? Je ne vais pas payer deux euros pour un voyage qui ne se fera peut-être pas. Nos parents se saignent pour nous donner un peu d'argent de poche, on ne va pas le gaspiller pour un programme qu'on a déjà.

Cette fille commençait vraiment à m'exaspérer. Et puis Rémy qui faisait les yeux doux à Priscilla et se rapprochait d'elle !

– Pourtant il y en a qui jouent et qui nous l'achètent, a poursuivi Marie-Amélie infatigable. Lucie en a pris un juste avant vous.

– Lucie ? Je ne la connais pas, ai-je rétorqué.

– Elle joue dans la première partie, je crois.

Elle a déplié un programme. Malika qui n'avait encore rien dit a lancé d'une voix douce :

– Ah oui ? Elle joue quoi, Lucie ?

– Elle fait le tour de magie, quatrième numéro. Si vous aviez le programme, vous…

– Elle a les cheveux frisés, non ?

– Ah non, pas vraiment. Sarah, est-ce que Lucie a les cheveux frisés ?

– Je ne suis pas sûre.

– Ce n'est pas elle qui s'habille toujours en noir ? a repris Malika.

– Toujours en noir ?

– Assez souvent, non ? En couleurs sombres, en tout cas. Je confonds peut-être.

– Oui, je crois. Mais je ne la vois pas tous les jours.

Elle s'est tournée vers sa copine Sarah.

– Tu sais si Lucie s'habille souvent en noir ?

Mais Sarah avait décroché. Elle regardait l'entrée. Des pigeons arrivaient, comme Ribéry toujours les mains dans les poches et toujours en jogging mais l'air moins guilleret que lorsqu'il nous fait courir dans la cour sous la menace de son chrono.

– Elle a un grain de beauté sous l'oreille droite, non ? a insisté Malika.

– Ah ! Euh… je ne sais pas, il faudra lui demander. Euh… à bientôt… bon spectacle !

– Et bonnes ventes !

Malika s'est frotté les mains, sans doute pour éliminer les fourmis dues au trac, et elle m'a dit :

– Je ne sors pas mon porte-monnaie quand on ne m'a dit ni bonjour, ni s'il vous plaît, ni merci. C'est un principe.

Les lumières se sont éteintes. On est restées dans la salle pour assister à la première partie. Malika trépignait en attendant le début du spectacle. Nono était tranquillement en train de blaguer avec des filles alors qu'il entrait sur scène le premier. Littlebit est passé près de nous à toute allure, il s'est arrêté juste devant Nono sans le voir et il a demandé, complètement stressé :

– Il est où Nono ?

– Là, m'sieur !

– Ah ! Tu es prêt ? C'est toi qui commences.

– Je sais, m'sieur.

– La salle est pleine à craquer. Monsieur Longver sera là ce soir. Il faut assurer. Pas de temps mort. Si quelqu'un a un trou sur scène, tu improvises.

Soudain les trois coups ont retenti. On a cru que Littlebit allait tomber raide par terre.

– Qui leur a dit de commencer maintenant ?

– Pas de panique m'sieur, a soufflé Nono, on est chauds, on va mettre le feu.

– Mollo sur le feu quand même, Nono, mollo !

Sephora est arrivée et a tendu un verre d'eau à Littlebit qu'il a avalé d'un trait. Nono s'est sauvé dans les coulisses suivi de la documentaliste soutenant Littlebit. Puis un projecteur a éclairé le devant de la scène.

Nono pour vous ce soir

Sur une musique de cirque, Nono a écarté le rideau à paillettes et a bondi sur scène, suivi de Priscilla qui essayait de rester stable sur les talons aiguilles qu'elle avait dû piquer à sa mère. Le projecteur était braqué sur eux. Dans une heure, ce serait notre tour. Rien que d'y penser mes jambes se sont ramollies.

Ils ont commencé leur petite présentation improvisée l'après-midi même dans les coulisses.

– Alors Priscilla, c'est ce soir qu'on accueille nos correspondants ? a demandé Nono.

– Exactement Nono, ils…

– Très bien, très bien ! Tout est prêt Priscilla ? Les acteurs sont en forme ?

– Bien sûr ! Ils se bousculent pour passer sur scène.

Elle jouait la potiche avec beaucoup de talent, à croire que c'était naturel. Nono ne lui laissait pas la parole et il avait raison. Il avait dû recevoir des consignes.

– Monsieur Longver, notre cher principal qu'on aime beaucoup et qui va me retirer les deux heures de colle dont je viens d'écoper, est-il arrivé ?

Priscilla a eu une moue ennuyée et elle a dit :

– Pas encore, Nono. Il vient d'appeler, il est coincé dans les embouteillages.

– Ah ah ! Alors la fête peut commencer ! Mesdames, mesdemoiselles, messieurs, enfants, parents, adolescents, correspondants, enseignants, étudiants et orangs-outans, bienvenue parmi nous ! Sortez vos mouchoirs et éteignez vos portables, Nono est là pour vous ce soir, le vrai Nono, en chair et en os. Quel homme !

Sur une vieille chanson très aguicheuse dont les paroles proposaient : « Déshabillez-moi mais pas trop vite, pas tout de suite », Nono a enlevé sa veste d'une façon suggestive. Les spectateurs ont sifflé, crié, hué et tapé des pieds. Il a fait voler sa veste dans le public et les filles se sont ruées dessus.

– Mais il a piqué notre idée ! s'est indignée Malika. Le strip-tease, c'est nous ! Tu imagines l'horreur si notre numéro fait un flop après celui de Nono et que tout le monde hurle « copieuses » !

La chanson de Nono s'est arrêtée. Le portable de Priscilla a sonné.

Elle a décroché.

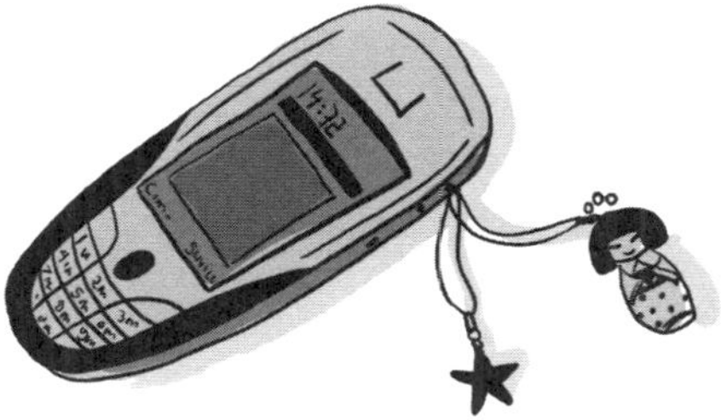

– Les vigiles postés à l'entrée me signalent que monsieur le principal est arrivé. Il est prêt pour son discours.

– Alors le pantalon, ce sera pour plus tard ! Désolé les filles ! Monsieur Longver !

Nono s'est incliné très bas comme s'il attendait l'apparition de Louis XIV. Et c'est le principal qui est entré sous les applaudissements, poursuivi par un projecteur.

– Votre présence nous honore, a déclaré Nono très sérieusement.

Après une courte pause, il a ajouté :

– Avant que j'oublie, on se voit à la buvette pendant l'entracte pour discuter des deux heures de colle !

Tout le monde a ri, même le principal. Même moi. J'avais presque oublié qu'on passait en deuxième partie.

Littlebit a débarqué dans la salle. Il tournait et retournait ses feuilles où était indiqué l'ordre des passages. À côté de lui, Sephora tentait de le rassurer.

Les numéros se sont enchaînés, pas toujours réussis mais toujours très applaudis et annoncés par un Nono en forme. Un élève de troisième a récité un poème en allemand pour les correspondants. Des quatrièmes ont fait un sketch qui se voulait comique, mais qui n'a fait rire personne parce qu'ils connaissaient mal leur texte. Je n'ai rien compris au numéro de magie de Lucie.

Émilie, une fille qui était dans ma classe l'année dernière, a fondu en larmes parce qu'elle avait trébuché en entrant sur scène. Enfin on a eu droit au défilé sur fond de techno des copines de Priscilla qui s'est achevé avec l'élection de Miss collège. Une élection complètement truquée puisque c'est la meilleure copine de Priscilla qui a gagné.

– C'est un peu nul tout ça, ai-je soufflé.

– Oui, super !

Malika avait sans doute mal compris.

– Je disais que ce n'est pas terrible jusqu'à présent.

– C'est très bon pour nous. Quand les gens s'ennuient, la moindre petite étincelle les réveille et ils sont fous de joie.

– Tu crois que les spectateurs seront soulagés de voir un numéro potable après tout ce qu'ils ont enduré avant ?

– Exactement. Ils vont se déchaîner quand ce sera à nous.

Au moment où le principal faisait son discours sur l'intérêt des échanges avec l'étranger et le dynamisme de l'équipe des professeurs organisateurs, j'ai eu une irrésistible envie de bâiller. Il faut dire que la journée avait été mouvementée. Et puis en général, à cette heure-ci, je suis déjà couchée en train de rêver de Rémy.

Mon bâillement a été interrompu par la sensation désagréable d'être observée. Je me suis retournée. Antoine se tenait derrière nous dans la pénombre, sa caisse rouge serrée contre lui, et nous examinait avec des yeux pétillants comme des projecteurs. Voulait-il que j'aille jeter un coup d'œil au nouveau bouquet de fleurs ? Malika s'est retournée à son tour et elle lui a demandé en désignant la caisse :

– Tu as peur qu'elle s'envole ?

– Il y a une fortune là-dedans ! Devine ?

– De quoi m'offrir un diadème en diamants ?

– Arrête ! a-t-il gloussé l'air effrayé.

Je n'ai pas eu le temps de lui demander des détails sur l'opération bouquet de fleurs, Nono a annoncé après avoir avalé une énorme gorgée de jus d'orange :

– Et maintenant, entracte !

Antoine a filé à la buvette. Malika et moi, nous nous sommes précipitées dans les coulisses pour nous échauffer.

Caméra baladeuse

J'ai foncé dans les loges, je me suis jetée sur mon tube de vitamine C puis j'ai commencé les exercices d'échauffement indispensables pour un strip-tease. Alors que j'étais pliée en deux, la main gauche sur le pied droit et l'autre main en l'air, la porte s'est ouverte. C'était Castaldi, caméra au poing. Mes joues sont devenues brûlantes.

– Ah Camille ! Malika n'est pas avec toi ?

– Non, elle doit être là-haut, pourquoi ?

– Pour l'interview ! Ma caméra n'a pas fonctionné tout à l'heure. Vous lui avez fait trop d'effet ! Vous êtes de sacrés phénomènes toutes les deux !

Ses yeux sont devenus brillants et il m'a regardée par-dessus ses lunettes. Il est entré.

– Je peux te filmer pendant l'échauffement ?

– Ce n'est pas le plus intéressant.

– Si si, il faut qu'on ait un aperçu global du spectacle dans mon reportage. Remets-toi comme tout à l'heure, penche-toi bien. Tu es timide ?

Je n'ai pas eu le choix, j'ai exécuté ses ordres. Je me suis penchée, penchée, penchée.

À cet instant, Rémy est entré dans la loge. Benjamin s'est reculé d'un pas. Je me suis redressée illico.

– Ah, tu es là ? m'a-t-il demandé en affichant un faux air décontracté.

Il m'a embrassée sur la bouche. Qu'est-ce qui lui prenait ? On était devant le type le plus dangereux de la soirée, celui qui était susceptible de filmer nos ébats, de publier à la une du journal du collège une photo de nous et il m'embrassait ? Benjamin n'a pas appuyé sur le bouton « play » de sa caméra mais il a tout enregistré derrière ses lunettes de reporter. C'est sûr, dès la semaine prochaine, nos noms feraient les gros titres.

– Je vous gêne, peut-être ? a ajouté Rémy avec un demi-sourire plus prononcé que d'habitude.

– Pas du tout, me suis-je empressée de répondre avec le plus grand naturel. Je m'échauffe. On passe juste avant vous.

Rémy a examiné la caméra de Benjamin et il lui a demandé :

– C'est pour avoir des souvenirs de la soirée ?

– Non, c'est pour le collège.

Benjamin a encore reculé. Je n'étais pas mécontente que Rémy se montre un peu jaloux. Chacun son tour. Il a cessé de sourire.

– Et tu filmes MA copine alors qu'elle s'échauffe tranquille ?

– Ah, tu voulais être tranquille ? m'a interrogée Benjamin en se tournant vers moi.

À cet instant, Malika est entrée, un verre de Coca dans une main et une part de gâteau au chocolat dans l'autre.

– Et si Camille a envie d'être filmée ? s'est-elle écriée. Tu ne vas pas te mettre à jouer les machos, Rémy !

Benjamin Castaldi en a profité pour s'éclipser discrètement.

– Je ne joue rien du tout, a répliqué Rémy sans sourire. Je suis juste un peu énervé que MA copine se fasse filmer toute seule dans les loges par ce gros pervers qui va passer ses nuits à fantasmer sur ses collants moulants et son décolleté plongeant.

– Tu es jaloux, c'est tout.

– Je le connais ce type, c'est son genre, crois-moi.

– Ah bon ? Il a tourné des films X ? a ricané Malika.

– Mais Rémy, tu n'y es pas du tout ! me suis-je insurgée pour le rassurer. Il fait juste un reportage pour le collège.

– Et tu crois qu'il demande des interviews aux mecs ? Non, ce sont par hasard les filles bien foutues qui l'intéressent. À votre avis, pourquoi il s'est précipité sur Priscilla pour l'interviewer la première ?

J'ai cru avoir une attaque. Voilà ce qu'il pensait d'elle : qu'elle était la plus belle fille du collège ! J'ai baissé les yeux pour ne pas lui montrer les larmes qui menaçaient de les inonder.

– Alors je n'ai pas raison d'être méfiant ? a-t-il interrogé.

On est restées toutes les deux sans réaction.

– Faites comme vous voulez. Vous êtes prévenues. Si vous aimez ce genre de mec, ce n'est pas mon problème, a-t-il conclu en s'éloignant.

– Parfaitement, on aime ça, a crié Malika, et ce n'est vraiment pas ton problème.

J'étais tellement anéantie par la réflexion de Rémy que même la vitamine C est restée sans effet. Je me suis affalée sur une chaise.

– Tu veux un petit remontant, Camillette ? a proposé Malika en me tendant son gâteau et le verre de Coca.

J'ai croqué dans la part de gâteau, j'ai bu le Coca d'une traite et je me suis sentie beaucoup mieux. C'était presque aussi efficace que les bras, les baisers ou les mots doux de Rémy.

Puis le téléphone de Malika a sonné. Littlebit nous appelait.

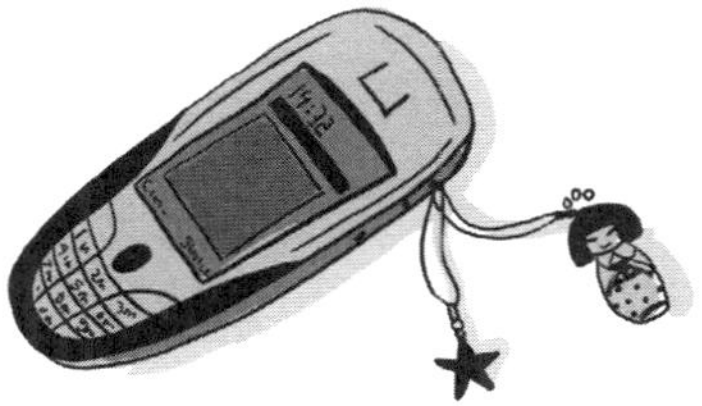

J'ai couru à la buvette chercher un deuxième verre de Coca pour un deuxième petit coup de fouet. Il y avait du monde

– Vous passez bientôt? m'a demandé Antoine.

– Dans dix minutes.

– Bonne chance…

– Merde ! a coupé Charlotte. On dit merde quand on ne veut pas porter la poisse.

– Merde alors.

– Maintenant c'est trop tard. Quand c'est dit, c'est dit. De toute façon, je n'y crois pas à ces trucs-là. Tu veux un bout de gâteau au chocolat, Camille ? C'est la seule chose en laquelle il faut croire dans la vie.

– On ira vous voir quand on aura fini, a promis Antoine.

Je me suis précipitée dans les coulisses. Déjà les applaudissements retentissaient dans la salle et Nono annonçait la suite du spectacle. C'est à toi Camille, rassemble tes esprits, sois la meilleure. Il est là, il te regarde… Rémy.

Un show très chaud

Le gâteau au chocolat me pesait sur l'estomac et le Coca me faisait des bulles dans le ventre. Je me suis laissée glisser contre le mur jusqu'à m'asseoir par terre. Malika m'a regardée d'un air inquiet.

– Tu es déjà épuisée ! On n'a même pas commencé.

– Ça va aller, je récupère, ai-je lancé.

– Courage, plus que cinq minutes et c'est terminé.

– ENCORE cinq minutes et c'est terminé, nuance...

– Tu as le trac, Camouille ?

Elle a posé ses mains sur les épaules et m'a massée. J'ai arrêté de penser à notre chorégraphie, de faire la liste des erreurs que je pouvais commettre et de chercher Rémy partout.

– Prête ? a-t-elle demandé.

– Prête !

Quand on a entendu la musique, on a cru avoir une crise cardiaque.

– Ils se sont trompés de CD, je rêve ! s'est exclamée Malika. À la régie, ils sont aussi nombreux que dans le métro à l'heure de pointe et ils ne sont même pas capables d'assurer.

Soudain, deux élèves habillés en blanc avec des chaises, un bocal et un pot de fleurs en plastique nous ont bousculées.

– C'est à nous, place !

– Mais non, c'est notre tour !

Littlebit est intervenu :

– Changement de dernière minute. Les mimes passent avant vous.

Malika a chuchoté :

– Il m'énerve, tu ne peux pas savoir ! Je vais l'envoyer promener avant la fin de la soirée.

– Il y a des imprévus dans un spectacle. Il fait ce qu'il peut.

– Tu parles de qui ?

– Du prof d'anglais et toi ?

Elle a tourné légèrement la tête et elle a dit en mettant sa main devant sa bouche :

– D'Antoine.

Il était planté derrière nous, comme un accessoire inutile. Un instant, je l'ai soupçonné de vouloir récupérer le pot de fleurs en plastique du numéro des mimes pour mettre le bouquet de Littlebit et Sephora dedans.

– Il va falloir que tu m'aides, Camille, je ne le supporte plus.

– Depuis quand ?

– Depuis ce soir. Tout le monde croit qu'il a changé mais pas du tout. Je l'observais tout à l'heure et je le revoyais avec ses boutons, ses chemises fermées jusqu'au cou, sa conversation de rat de bibliothèque, sa façon de nous suivre comme un toutou. Et dire que j'ai été amoureuse de lui ! C'est terrible, tu ne peux pas imaginer !

Si, je pouvais imaginer. C'était exactement l'impression que j'avais.

– Je compte sur toi pour tout lui expliquer, m'a-t-elle lancé au moment des applaudissements.

– Lui expliquer quoi ?

– Tu trouveras bien. Tu as de l'imagination, non ?

Et elle s'est approchée de la scène. Ma bouche était plus pâteuse que jamais. J'avais soif. Impossible d'entrer en scène dans cet état.

Une bouteille de jus d'orange traînait sur le piano. J'étais sauvée ! Je me suis précipitée dessus. Antoine m'a suivie.

– J'ai un pépin, a-t-il murmuré la gorge nouée sans voir que mon jus d'orange passait obligatoirement avant son pépin.

– Ah oui ? C'est grave ? ai-je interrogé en ouvrant la bouteille.

Sous les applaudissements et quelques sifflets, les mimes retiraient les chaises, le bocal et le pot de fleurs de la scène. C'était à nous dans deux minutes. J'ai avalé trois grandes gorgées avant de m'arrêter net. Une sensation de brûlure a envahi ma gorge. J'ai commencé à tousser. Nono aurait-il mis de l'alcool dans la bouteille ?

– Chut ! a lancé Littlebit.

J'ai étouffé ma toux dans le rideau. Nono m'a envoyé une grande claque dans le dos et j'ai retrouvé mes esprits.

– Qu'est-ce que c'est ce truc ? ai-je demandé.

– Du pur jus d'orange, a-t-il répondu en désignant l'étiquette. Ça décape, non, quand on n'a pas l'habitude ?

Il a souri et il s'est éclipsé pour présenter notre numéro.

C'était sûr, Nono et ses copains avaient ajouté de l'alcool dans la bouteille de pur jus.

Quand j'ai fait volte-face pour gagner la scène, ma tête a tourné comme une toupie. Je me suis agrippée à Antoine qui ne m'avait pas quittée d'une semelle.

– C'est assez grave, a-t-il murmuré.

– Quoi ?

– Mon pépin.

– Ah ! On verra tout à l'heure.

– Maintenant ce n'est pas possible ?
– Tu peux attendre une minute trente, non ?

Je suis passée comme un bulldozer, arrachant tout sur mon passage, l'épaule d'Antoine, une chaise, une valise, un costume sur un cintre. Et j'ai failli m'étaler sur scène. L'intro démarrait. J'ai filé à ma place côté jardin en me repérant grâce à l'enseigne « sortie de secours ». Pas gêné, Antoine, de me confier ses problèmes de cœur juste avant notre entrée en scène ! Le trac ne me harcelait plus. Mon cœur battait lentement, mes jambes étaient solides, j'étais prête pour le grand show !

On s'est installées dos à dos comme prévu par la mise en scène d'Antoine. Le rideau s'est ouvert, les lumières ont jailli. Dès les premières secondes, j'ai senti le regard de Rémy sur moi. Mon cœur-détecteur battait fort. Mais où était-il exactement ? Je l'ai cherché discrètement des yeux.

Et je l'ai vu ! Même sans lunettes, j'ai reconnu son visage là-haut dans la régie alors que je voyais troubles les spectateurs du premier rang. Ses yeux étaient comme deux projecteurs qui m'éclairaient et me faisaient briller.

Dès les premières notes de musique, quelqu'un dans la salle a hurlé :

– Un strip-tease !

J'ai dû devenir toute rouge. Et la moitié de la salle a crié « Un strip-tease ! » en sifflant.

Malika a fait tournoyer son châle au-dessus de nos têtes. Depuis les coulisses, Littlebit, paniqué, a chuchoté :

– Vous êtes sûres que vous ne voulez pas présenter votre numéro de danse classique ?

Pour toute réponse, Malika a envoyé le châle dans les coulisses. Il a atterri sur la tête de Littlebit qui, le téléphone à la main, s'apprêtait à appeler la régie pour éteindre la musique et fermer le rideau.

Malika a commencé à déboutonner son haut très lentement. Elle n'avait pas fini que j'avais déjà envoyé par terre le boléro et le foulard. Pour ne pas attendre bêtement sans rien faire, j'ai improvisé des mouvements inspirés de notre spectacle de danse classique.

Les élèves et les correspondants se sont levés et ont tapé des pieds. La régie a monté le son tout en improvisant un jeu de lumières très adapté avec des projecteurs qui clignotaient dans tous les sens.

Quand j'ai voulu défaire ma jupe la fermeture s'est coincée. Sans hésitation, je l'ai arrachée d'un geste. Lorsque nous avons salué, des hurlements ont retenti dans la salle. Littlebit et Sephora nous ont regardées quitter la scène, ébahis.

Enfin, Littlebit s'est repris et il s'est précipité pour aider le groupe de Rémy à installer son matériel.

Charlotte m'a sauté dessus :

– C'est gonflé ce que vous avez fait.

– Ce n'était pas bien ?

– Ah si, super !

Puis elle s'est précipitée sur la bouteille de jus d'orange sans que j'aie eu le temps de la prévenir. Elle a avalé plusieurs gorgées de suite sans broncher. Elle a ajouté :

– Moi, je n'aurais jamais osé.

– Tu m'avais caché tes talents, a déclaré Rémy en entrant sur scène.

Il portait des lunettes noires et une veste à capuche comme les deux autres musiciens. J'étais bien décidée à rester dans les coulisses pour les encourager et à leur envoyer des ondes positives.

À cet instant, j'ai aperçu Antoine qui me faisait signe de le rejoindre dans les loges. Il avait l'air d'étouffer dans son tee-shirt. Quoi encore ?

Ah oui, son petit pépin ! Un pépin, surtout petit, ça ne prend qu'une minute. J'en profite pour lui transmettre le message de Malika et je remonte vite fait. Dommage de rater le début du concert, ma copine me racontera.

La palme d'or du crétin

On est descendus dans les loges désertes et silencieuses à part le robinet qui gouttait dans le lavabo. Les sacs et les vêtements gisaient en vrac sur le sol et le maquillage traînait sur les tables.

Antoine s'est adossé au lavabo. Je me suis assise sur une chaise et j'ai commencé à me remaquiller. Là-haut, la musique démarrait sous des tonnerres d'applaudissements. J'allais régler le problème d'Antoine rapidement. Et délicatement.

– Tu as un pépin, c'est ça ? Laisse-moi deviner…

– Tu ne peux pas imaginer, Camille. C'est trop horrible.

– Alors ce n'est pas un pépin, c'est un noyau ?

Hélas, l'humour de mon père est parfois contagieux…

J'ai regardé Antoine droit dans les yeux à travers le miroir.

– À part ça, tout va bien ?

– Ah oui, sinon je ne me plains pas.

– C'est le principal. Quand il arrive une tuile dans la vie, il faut penser à tout ce qui ne pose aucun problème. Et là, on retrouve le sourire. C'est comme l'histoire du verre, tu la connais ? Il y a deux catégories de personnes, celles qui disent que le verre est à moitié vide et celles qui disent qu'il est à moitié plein. Côté cœur, c'est pareil.

Je croyais entendre parler ma mère. Lorsqu'elle essaie de consoler quelqu'un, on met trois heures à comprendre où elle veut en venir.

Antoine a froncé les sourcils. Soudain, je l'ai trouvé beau avec cette tristesse de petit chat abandonné dans les yeux. J'en ai oublié le concert qui avait commencé sans moi.

J'ai ouvert le tube de rouge à lèvres très rouge et j'ai avancé la bouche. J'ai pris mon temps pour l'étaler en bougeant ma bouche dans tous les sens. Derrière moi, Antoine se mordait les joues, se tortillait les mains et se marchait sur les pieds.

– C'est pour le salut, ai-je expliqué. Ça me va bien ?

– Non.

– Ah bon ?

– Euh, si si, ça te va bien. C'est moi qui ne vais pas bien. J'ai mal au ventre.

Je me suis levée et j'ai fait quelques pas dans sa direction.

– Ça ne sert à rien de se mettre dans un état pareil, Antoine. Une de perdue, dix de retrouvées.

– Ah non mais là…

– Je sais, c'est terrible. Qu'est-ce que je peux faire pour te remonter le moral, dis-moi ?

– Rien, je vais me débrouiller seul.

– Si, si, j'y tiens.

J'ai avancé encore de quelques pas. Il a reculé. Cette fois, il était coincé entre le lavabo et l'essuie-mains. Il était trop mignon mon chaton. Terrorisé, il cherchait désespérément une issue. J'avais envie de le prendre dans les bras et de lui caresser la tête pour le réconforter.

– Antoine, ai-je susurré, promets-moi de ne plus penser à elle.

– Mais qu'est-ce que je vais leur dire ?

– Tu n'as de comptes à rendre à personne. C'est ton histoire.

Je comprenais qu'Antoine soit ennuyé de devoir annoncer à tout le monde que Malika l'avait plaqué. C'est là que j'ai réalisé qu'on avait eu raison de rester discrets avec Rémy. Au moins, on n'aurait aucune explication à donner à personne en cas de rupture.

– Quand même, si j'arrive sans elle lundi au collège…

– Et alors, qu'est-ce que ça peut faire ? Je suis là, tu peux compter sur moi. On est amis oui ou non ?

– Oui.

– Si tu as le cafard, promets-moi de venir me voir. C'est bientôt les vacances, tu vas tourner la page et prendre un bon bol d'air.

Il n'y avait plus qu'un mètre entre nous.

– Camille !

– Antoine ! Oublie-la, s'il te plaît.

– Mais comment tu es au courant ?

– J'ai un sixième sens. Tout se devine sur ton visage.

Et là, je ne sais pas ce qui m'a pris, je me suis plaquée contre lui et j'ai posé mes lèvres rouges sur les siennes.

Il s'est hissé sur la pointe des pieds comme s'il tentait de s'échapper par le haut. Il a finalement cédé et s'est laissé embrasser. Quand il m'a repoussée, il avait les lèvres toutes rouges. J'ai éclaté de rire.

– On est trop bêtes, a-t-il lancé.

– C'était juste pour te redonner le moral !

– Et Malika ? a-t-il demandé.

Mais c'est à Rémy que je pensais à cet instant. Est-ce que je devais lui avouer que j'avais embrassé Antoine ? Est-ce qu'il comprendrait que je l'avais fait uniquement dans le but de consoler un ami en détresse ? Mieux valait ne rien dire.

Soudain la porte s'est ouverte. J'ai bondi en arrière. C'était Benjamin, caméra au poing. Il nous a regardés d'un air bizarre.

– Je cherche une fille qui s'appelle Charlotte, c'est pour une interview.

– Elle n'est pas à la buvette ?

Il a filé sans demander son reste.

Antoine s'est remis à tortiller ses mains, à mordre sa joue et à marcher sur un pied.

– Pour cette histoire de caisse, il vaut mieux que j'en parle maintenant, a-t-il déclaré.

– La caisse ? ai-je répété, éberluée. Quelle caisse ?

– Je n'aurais jamais dû la laisser traîner. J'aurais dû rester assis dessus ou me l'attacher autour du cou. Je ne me le pardonnerai jamais.

Tout à coup, j'ai compris ! Depuis le début je lui parlais de Malika et lui me parlait de la caisse qui contenait la recette ! L'affaire était autrement plus grave. Je me suis écroulée sur une chaise et j'ai trouvé la force de demander :

– Elle est perdue ou volée ?

– Volée, forcément. Je l'avais posée sur la table derrière la buvette. Quand je me suis retourné, elle avait disparu.

– Évidemment, il n'y avait qu'à tendre le bras pour la prendre.

– Oui je sais, je suis le roi des imbéciles.

Il remportait la palme d'or du plus grand crétin, oui !

– Et Malika ?

– Elle ne sait rien. À moins qu'elle ait un sixième sens, elle aussi. Surtout, ne lui en parle pas, elle va m'assassiner.

Des applaudissements ont éclaté. Le concert de Rémy était terminé. Je suis sortie de la loge en coup de vent et j'ai monté les marches quatre à quatre. Inutile d'évoquer la rupture. Antoine était assez ennuyé avec cette histoire de vol.

Les fêlés de la fête

Malika chantait à se casser la voix *La meuf de la teuf*. C'était l'euphorie dans les coulisses. Littlebit a entraîné Sephora dans un rock endiablé. Ils avaient l'air soulagés que la soirée se soit bien passée et ne semblaient pas nous en vouloir pour le strip-surprise.

J'ai glissé à Malika :

– Si tu savais ce qui arrive à Antoine !

– Arrête, c'est la fête !

– Non, pas vraiment.

Malika m'a serrée dans ses bras.

– C'était génial notre numéro !

– Ah oui ? Littlebit avait l'air furieux et j'ai déchiré ta jupe.

Nono est passé près de nous et a lancé :

– C'est le jus d'orange qui te met dans cet état, Cam ? En tout cas, chapeau pour le show. On a eu chaud dans les coulisses.

Le groupe de Rémy est sorti de scène sous les hurlements et les applaudissements.

– T'étais où, je ne te voyais pas ? m'a demandé Rémy en baissant sa capuche.

– Euh… pas très loin. Tu m'avais caché tes talents, toi aussi.

Il a regardé ma bouche bizarrement et il a dit :

– Qu'est-ce que tu t'es fait aux lèvres ?

– Elle s'est démaquillée dans le noir ! s'est exclamée Malika en riant. Ça ne se voit pas ?

– Oui c'est ça, ai-je approuvé, il ne faut jamais se démaquiller sans miroir.

Rémy m'a envoyé un smack. Il a remis sa capuche et il est retourné sur scène pour le rappel.

Dans la salle, des spectateurs se sont mis à danser et j'ai imité Malika qui se déchaînait.

J'aurais continué jusqu'à la fin de la chanson si je n'avais pas aperçu Antoine juste derrière moi, l'air complètement affolé. Il fallait que je parle à Malika de cette histoire de caisse. Je l'ai entraînée dans les coulisses.

– La caisse a disparu, ai-je déclaré.

– La caisse de quoi ?

– La caisse des entrées. Avec tout l'argent.

Elle a dévisagé Antoine et elle a marmonné :

– Comment ça, disparu ? Elle ne s'est pas envolée toute seule ! Quelqu'un l'a...

– Oui, quelqu'un l'a volée, exactement ! a hurlé Antoine.

Malika est restée un instant bouche bée. On n'avait jamais entendu Antoine crier si fort.

– Alors comme ça, un voleur se promène dans le théâtre... a-t-elle murmuré encore sous le choc.

Elle s'est ruée dans les loges et est remontée trente secondes plus tard.

– C'est bon, j'ai tout, mon portable, mes sous et mon rouge à lèvres. Il est où, Antoine ?

Antoine était déjà parti poursuivre ses recherches.

On a tous suivi Nono sur scène pour le salut final sur fond de rap. Benjamin s'est planté dans le passage afin de nous filmer.

– Pauvre Antoine, a crié Malika pour couvrir le bruit de la musique. Il doit se morfondre tout seul et je ne suis même pas près de lui pour l'aider ! Tu lui as dit que je voulais casser ?

– Pas eu le temps.

– Ouf ! Tu me sauves ! Dès que le rideau se ferme, je vais le chercher et lui remonter le moral. Il est tellement sensible !

Elle avait les larmes aux yeux de le savoir si loin, si seul et si anxieux. Quand Littlebit et Sephora ont fait leur apparition, les applaudissements ont éclaté. En guise de discours, notre prof d'anglais a joué un morceau de saxo et Sephora a chanté une chanson en anglais. Puis Antoine a fait son entrée avec un bouquet de fleurs magnifique.

– C'est un magicien ! s'est exclamée Malika. Où est-ce qu'il a trouvé des fleurs si belles ?

Et tandis qu'Antoine se dirigeait vers Littlebit et la documentaliste, Malika s'est avancée vers lui et l'a serré dans ses bras en le couvrant de bisous.

Quand la musique de notre strip-tease a retenti, on s'est mis à danser et les spectateurs nous regardaient avec envie. Puis ils se sont levés et certains, comme mes parents, ont commencé à quitter la salle tandis que d'autres nous rejoignaient sur scène.

Mon cœur-détecteur s'est remis à battre à toute allure.

Rémy approchait.

– Tu es la plus belle, ai-je entendu dans le creux de l'oreille.

– Je t'aime !!! ai-je hurlé sans me soucier de la foule autour de nous.

Rémy m'a prise dans ses bras. Je me suis accrochée à son cou pour ne pas tomber. La caméra de Benjamin était braquée sur nous. Je lui ai fait un grand sourire et j'ai tourné la tête vers Rémy pour l'embrasser sans ambiguïté. Zoom sur Rémy et Camille, gros plan sur le plus beau baiser de la fin de l'année, rideau !

Les coulisses de l'histoire

Benjamin zoomait sur Littlebit en train d'embrasser Sephora à travers son bouquet quand Charlotte, les yeux exorbités, s'est précipitée vers nous.

– J'ai réussi à monter sur scène, je n'en reviens pas ! s'est-elle exclamée.

Elle s'est jetée sur le tabouret du piano pour s'asseoir. C'est alors que Rémy m'a glissé à l'oreille :

– Ce n'étaient pas tes lunettes ?

– Mes lunettes ? Où ça ? ai-je rétorqué comme si je n'en avais jamais porté parce que j'avais réussi à m'en passer pendant une demi-journée.

– Sur le tabouret…

Oui, c'était bien mes lunettes. Moi qui les cherchais partout depuis cet après-midi !

Je me suis arrachée des bras de Rémy et j'ai fait un pas en direction de Charlotte. Persuadée que je voulais lui piquer sa place, elle a écrasé le tabouret de tout son poids.

– Non ! ai-je hurlé.

Rémy s'est précipité à son tour.

– Charlotte, tu es assise sur mes lunettes, ai-je hurlé.

– Mais non !

Elle ne se levait toujours pas, convaincue que je mentais. Puis elle s'est relevée lentement. Et c'est là qu'on a vu le désastre. Mes lunettes étaient en miettes, les branches arrachées, les verres en mille morceaux.

– C'est moi qui ai besoin de lunettes ! s'est exclamée Charlotte en pensant faire de l'humour. Je n'ai rien vu du tout !

– C'est malin, ai-je marmonné.

– Ce qui est fait est fait, a conclu Charlotte. Quelle idée aussi de les poser là ! À croire que tu voulais t'en débarrasser !

Rémy m'a tendu un Kleenex, j'y ai enveloppé les morceaux de mes lunettes et je me suis mise à sangloter dans son cou tandis qu'il me consolait.

– Ce ne sont que des lunettes. Tu en auras d'autres, toutes neuves, encore plus belles.

Antoine et Malika nous ont interrompus.

– On a besoin de vous, vite ! a lancé Malika.

Mon histoire de lunettes n'avait aucune importance à côté des problèmes de caisse d'Antoine. J'ai séché mes larmes et j'ai expliqué en deux mots toute l'histoire à Rémy.

On a filé à la buvette pour s'assurer que la caisse n'était pas restée là-bas.

Il n'y avait plus que Ribéry, assis à côté de son sac de sport posé sur une table.

– Vous venez féliciter les vedettes, monsieur ? a demandé Malika.

Il faisait aller et venir une boule de papier aluminium sous son pied comme s'il s'apprêtait à shooter dans un ballon. Lorsqu'il nous a vus, il nous a interrogés :

– Dites, les artistes, qui s'occupait de la caisse ?

Antoine est devenu blême et n'a rien répondu. C'était à Malika de déployer son imagination. Mais même ma copine est restée sans voix.

Ribéry à présent appuyait sur la boule d'aluminium nerveusement. Il avait deviné la disparition de la caisse, j'en étais sûre, son chronomètre devait avoir une fonction micro-espion.

– Antoine n'y est pour rien, a clamé Malika. Il a voulu aider Charlotte à la buvette.

Antoine a dégluti bruyamment comme s'il avalait d'un coup toutes les pièces de la caisse.

– Alors bonhomme ! s'est exclamé le prof de gym. On laisse traîner ses affaires n'importe où ?

– Je ne comprends pas, a tenté de mentir Antoine en rougissant jusqu'à l'encolure de son tee-shirt jaune.

Ribéry a soulevé son sac de sport. En dessous était posée une boîte rouge.

– Ma caisse ! a hurlé Antoine en se précipitant vers elle, les larmes aux yeux.

– Ce n'était pas prudent de la poser sans surveillance à la buvette pendant l'entracte, bonhomme. Heureusement que j'étais là ! N'importe quelle personne mal intentionnée aurait pu la voler. Moi, depuis qu'on m'a piqué mon chrono, je suis extrêmement prudent.

– On vous a piqué votre chrono ? s'est étonnée Malika, le sourire aux lèvres.

Elle m'a adressé un clin d'œil : il n'y aurait donc pas d'endurance en quatrième, au moins jusqu'en janvier, le temps qu'il commande un nouveau joujou au père Noël.

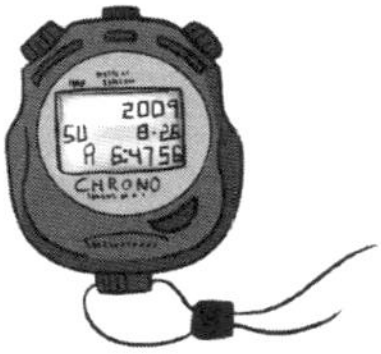

Antoine a ouvert la caisse et, d'un coup d'œil, a vérifié que l'argent y était. Alors qu'on se demandait si on allait remercier notre prof de sport ou l'insulter de nous avoir fait une peur pareille, le régisseur s'est présenté à la porte avec sa tête de mort vivant. Il n'a rien dit mais on a deviné qu'il était pressé de retrouver son cercueil.

Sortie des artistes

– Bravo ! Hourra !

Les applaudissements ont retenti tandis que la caméra de Benjamin nous suivait. Il y avait au moins une trentaine de personnes sur les marches et sur le trottoir, dont mes parents, des profs et des élèves.

Antoine a levé la caisse au-dessus de sa tête comme s'il venait de gagner la coupe des JO du meilleur vendeur de tickets. Malika a amorcé un nouveau strip-tease mais elle a trébuché sur une marche. Antoine l'a rattrapée à temps et elle a étalé un énorme bisou de rouge à lèvres sur sa joue en disant :

– Merci mon sauveur !

Charlotte a distribué les parts de gâteau qui restaient au principal, à Littlebit, à Sephora et à ceux qui se trouvaient autour d'elle.

– Tout doit disparaître ! clamait-elle. Super promo sur les gâteaux !

Marie-Amélie et Sarah se sont précipitées vers nous avec un stylo et des programmes.

– Encore vous ! s'est écriée Malika. Vous vous imaginez qu'on va acheter un programme à la fin du spectacle ?

– C'est pour un autographe !

Elles nous ont tendu un programme qui portait déjà une dizaine de signatures et de petits mots. Malika a écrit très vite et me l'a tendu. Quand je me suis retrouvée avec le stylo dans la main, j'ai essayé d'inventer autre chose que le « Gros bisou » inscrit en énorme par ma copine. Moi qui écrirais des pages et des pages sur tout et n'importe quoi, moi qui tiens un journal intime depuis deux ans sans oublier de mentionner un moment important de ma vie, moi qui invente toujours plein d'histoires, je n'avais aucune idée. J'ai réfléchi pendant quelques secondes qui m'ont paru durer une éternité.

Marie-Amélie et Sarah examinaient avec impatience la pointe du stylo qui tremblait sous mes doigts. J'allais opter pour : « Que d'émotions pendant ce super spectacle ! » qui me paraissait pas mal, mais impossible de me rappeler si on mettait un t ou deux s à émotions, moi qui suis d'habitude incollable en orthographe. C'était l'émotion justement...

Je ne sais pas ce qui m'a pris d'écrire : « C'est le début de la gloire ! » Sans doute les hip hip hip hourra ! qui n'en finissaient plus. J'ai acheté deux programmes à Marie-Amélie et Sarah, elles étaient quand même sympas de nous demander un autographe.

De son écriture pattes de mouche, Rémy a écrit dans le petit espace vide qui restait sous le titre : « Une soirée inoubliable, isn't it ? » et il m'a lancé un clin d'œil.

– Yes, it is. I love you, ai-je déclaré.

L'anglais était devenu un code qu'on était les seuls à comprendre sur terre. J'aurais adoré l'embrasser à cet instant magique mais franchement non, pas devant mes parents.

C'est alors que Rémy m'a demandé :

– Vous avez loué une pelleteuse ou quoi ?

Je me suis tournée vers le bac de fleurs. Il y avait un gros cratère au milieu, de la terre répandue au sol et les dernières fleurs qui restaient ne tenaient plus debout.

– Ça va, ça reste discret ? a interrogé Antoine, voyant qu'on examinait le bac.

– Un vrai travail d'artiste ! ai-je ironisé.

Malika a écarquillé les yeux en comprenant soudain d'où venait le superbe bouquet que tenait Sephora. On s'est placés tous les quatre devant le bac pour le dissimuler. On a fait un grand sourire et mon père nous a pris en photo.

J'ai alors senti le parfum de Sephora près de nous. Elle s'est adressée à Antoine :

– Je récupère la caisse, c'est plus prudent. Tout s'est bien passé ?

Antoine est devenu rouge comme une pivoine.

– Oui, aucun problème.

Et il lui a remis la caisse avec empressement.

Ribéry a envoyé la boule d'aluminium droit dans la poubelle du hall. Il n'a pas dit un mot à la documentaliste de notre mésaventure.

Le régisseur du théâtre est sorti, une cigarette à la main. La première chose qu'il a vue, c'est le bac de fleurs.

– Ils ont tout saccagé ! a-t-il bougonné. Si je retrouve les gamins qui ont fait ça, ils passeront un mauvais quart d'heure.

Heureusement, il n'a pas levé les yeux sur le bouquet de Sephora.

Mes parents et mon frère se sont approchés. Je ne m'étais jamais sentie aussi loin d'eux. Je ne m'étais jamais sentie autant Camille.

– On rentre, il est bientôt minuit, a déclaré ma mère, toujours préoccupée par l'heure du coucher.

– Et après minuit, c'est bien connu, le carrosse se transforme en citrouille, a plaisanté mon père. N'est-ce pas Blanche-Neige ?

– Cendrillon, tu veux dire.

– Ah oui, Cendrillon, il faut que je révise mes classiques. Ça fait tellement longtemps que je n'ai pas raconté d'histoires !

À cet instant, je me suis souvenue des longues histoires que me racontait mon père quand j'étais petite. En même temps, à côté de moi, je sentais la main de mon prince charmant effleurer la mienne.

– On va chercher la voiture pendant que tu dis au revoir à tout le monde, a lancé ma mère. Mais qu'est-ce que tu as fait de tes lunettes ?

Comment leur dire la vérité, moi qui entends qu'il faut que j'y fasse attention depuis que je connais l'histoire de Cendrillon ?

– On devrait t'acheter des lentilles, ce serait plus pratique, a-t-elle ajouté.

Plus pratique pour plaire à Rémy surtout, ai-je pensé.

Le temps que mes parents et mon frère aillent chercher la voiture, on avait deux minutes top chrono pour s'embrasser. Je me suis tournée vers Rémy. Il s'est tourné vers moi.

Mes lèvres se sont posées sur les siennes, à moins que ce ne soit l'inverse. La caméra de Benjamin est restée fixée sur nous tout le temps.

Lorsque j'ai entendu la voiture de mes parents freiner au bas des marches, mes lèvres se sont éloignées des siennes, à moins que ce ne soit l'inverse.

– Je n'ai pas envie de dormir, ai-je déclaré.

– Eh bien ne dors pas, m'a-t-il répondu.

C'est vrai ça. Pourquoi ne pas prolonger les journées aussi fortes en émotions ? Pourquoi ne pas écrire sur le vif mes impressions de cinquième ? J'ai toutes les vacances pour me reposer !

Mon père a klaxonné. J'ai commencé ma série de bises pendant qu'un groupe de filles se jetait sur Rémy pour le prendre en photo avec leurs portables. Avec Malika on s'est embrassées comme si on se voyait pour la dernière fois, alors qu'on s'appellerait le lendemain avant midi.

– Camille, tu es ma meilleure, meilleure…
– Toi aussi, tu es ma meilleure, meilleure…
– Sans toi, je ne serais jamais…
– Moi non plus, je ne serais jamais…

J'ai descendu les marches comme une star. La portière de la voiture était ouverte. Je me suis engouffrée à l'intérieur et j'ai fait un signe de la main à tout le monde. J'étais si fatiguée que je me suis endormie après le premier feu rouge.

Mon journal intime attendra. J'ai toutes les vacances pour l'écrire. Toute la vie même !

Table des matières

Vive la 5e ! Ségolène Valente

Retrouvez
Camille et Malika
dans

En octobre, les contrôles se mettent à pleuvoir... Malika tente de convaincre Camille de partir avec elle une journée entière à la mer, au lieu d'aller au collège !

Camille, Malika et leur classe partent en Eurostar à Londres afin de parfaire leur anglais. Littlebit leur professeur les accompagne et... Let's go !

Camille et Malika ont décidé de participer au spectacle de fin d'année du collège. Quel numéro vont-elles faire ? Théâtre ou danse ? Et comment se débarrasser du trac ?

Vive la 6e !

Ségolène Valente

Camille organise sa première boum.
Pour tout préparer, c'est la fièvre avant le fameux samedi soir !

Camille et Malika ont rendez-vous avec des copains à la patinoire.
Mais elles ne savent pas du tout patiner !

Pour avoir écrit une lettre anonyme à cette peste de Jessie, Camille et Malika risquent un avertissement de conduite !

Ouf, la sixième est finie !
Camille et Malika partent en vacances ensemble…

L'auteur

Ségolène Valente est née en 1973 à Paris. À l'école, elle préférait lire et inventer des histoires plutôt que de résoudre des problèmes d'algèbre. Ses professeurs de français lui ont appris à écrire et depuis elle n'a plus arrêté, même en cours de maths : poésies, chansons, pièces de théâtre, nouvelles, romans... Elle a fait des études de lettres et est devenue professeur de français. Elle aime aussi rencontrer ses lecteurs dans les bibliothèques et dans leurs classes.
Vous pouvez retrouver Ségolène Valente sur son site :
http://segolenevalente.ifrance.com/

L'illustratrice

Née à Montpellier d'un père français et d'une mère norvégienne, **Isabelle Maroger** a dès son plus jeune âge gribouillé partout et sur tout, de préférence sur les rideaux du salon, sur son petit frère, sa grande sœur, son chien et son chat... Cela lui a réussi car elle a poursuivi ses hautes études de gribouillage dans une vraie école de dessin, l'école Émile-Cohl de Lyon.
Désormais elle illustre des livres et des magazines pour enfants ou femmes chic. Elle aime créer des images graphiques et qui donnent le sourire:)
Isabelle Maroger vit à Lyon.

Retrouvez la collection

RAGEOT Romans

sur le site www.rageot.fr

PAPIER À BASE DE FIBRES CERTIFIÉES

RAGEOT s'engage pour l'environnement en réduisant l'empreinte carbone de ses livres. Celle de cet exemplaire est de :
500 g éq. CO_2
Rendez-vous sur www.rageot-durable.fr

Achevé d'imprimer en France en février 2017
sur les presses de l'imprimerie Jouve, Mayenne
Dépôt légal : mars 2017
N° d'édition : 5535 - 01
N° d'impression : 2514668X